雑学王 知泉の

日めくりうんちく劇場

雑学カレンダー
5~8月編

杉村 喜光（知泉）

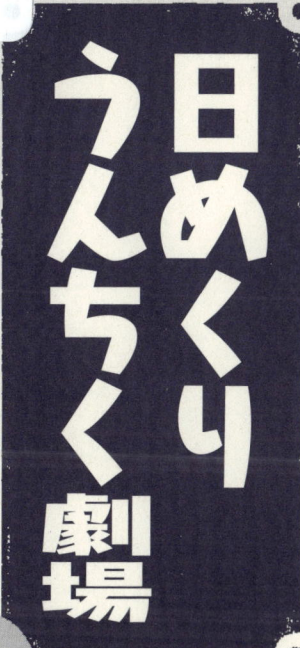

はじめに

今日からアナタも知ったか王！雑学を愉しもう！

作曲家ロッシーニは、後輩の作曲家が「いいテーマが見つからず曲が作れない」と悩んでいた時、「俺はどんなテーマだって作曲できるぜ。嘘だと思うのなら洗濯物のリストでも持って来いよ。それで曲作ってやっからよ」と挑発しています。

同じように「どんなテーマからでも雑学展開してやっからよ！」と大風呂敷を広げたのがこの本です。SBS静岡放送のラジオ番組「GOGOワイド Wテツのらぶらじ」の1コーナー「2時のうんちく劇場」で語った「今日は〇〇の日」を基に再編集しています。

あくまでも雑学は知識の上澄みを集めた気楽なものです。ここではあえて深く追求せず、面白いものを優先しています。番組は7年も続きテーマが出尽くした感もありますが、それでも森羅万象に雑学は隠れています。本当に「洗濯物のリストで雑学を語る」という感じです。

雑学を語るコツは「短いセンテンスで一気に」です。この本も、とにかく短く勢いのある雑学をたっぷり羅列しました。そして「誰かに話したくなる」というのも雑学の魅力です。朝礼で何かを喋らないといけない人、会話上手になりたいアナタ！　知ったか王でいいじゃないですか、知識を愉しみましょうよ。

杉村喜光

目次

5月

07

目次

6月 39

目次

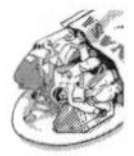

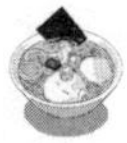

7月 71

目次

8月 103

雑学王♛知泉の
日めくりうんちく劇場

雑学カレンダー
5月編

ピポ
ピポ
ワイシャツ着用ってブルーはダメなワケ？
もうちょい足を細く……
55

May
5月
1

【女性用のシャツは男性物より脱がせやすい】

1961年5月1日、帝人が半袖シャツ「ホンコンシャツ」を発売しました。

日本生まれなのに香港シャツ？

☆「ホンコンシャツ」の命名者は、後にアイビールックの代名詞になったブランド、「VAN」創業者の石津謙介です。

☆東南アジアなどの気候に合わせ、半袖のワイシャツがビジネスマンに愛用されていたことから、当時東南アジアのビジネス拠点だった香港の名前がつけられました。

シャツは「短い」から

☆シャツという言葉は、古代ゲルマン語で「短く切る」という意味の「ショータズ(Skurtaz)」に由来します。

古代は上から被る、膝ぐらいまで長さがあるワンピース型の服が主流でしたが、腰のあたりで短く切られた服が出てきた時に、ショートという意味でシャツと命名されました。

カッターシャツの意外な語源

☆ワイシャツを関西では「カッターシャツ」と呼ぶことが多いそうですが、ワイシャツとカッターシャツは「同じ」という説と「取り外しができるカフスボタンがあるのがワイシャツ、縫いつけてあるのがカッターシャツ」という説など、資料によってバラバラです。実際には、元々1918年にスポーツ用品メーカー「ミズノ」が発売したスポーツ用シャツの名前が元祖。

この名前、第一次世界大戦直後でミズノの創業者・水野利八が「戦争に勝った」ことを記念して「カッターシャツ」と命名したもの。そしてスポーツ用シャツなので「試合にカッター！」となるように願いを込めていたのです。

色物ワイシャツは存在しない

☆ワイシャツは「ホワイトシャツ」が短縮された和製英語。つまり白シャツを指す言葉なので「色つきワイシャツ」というとワケの分からない言葉になってしまいます。英語ではワイシャツは「ドレスシャツ(dress shirt)」というのが一般的です。日本でドレスシャツというと、礼服用のシャツみたいな印象ですが、英語で礼服用のシャツは「ボイルドシャツ(boiled shirt)」と別の言い方が存在します。フランス語でワイシャツは「シュミーズ(chemise)」。これは女性用の下着「シミーズ」の名前の由来になっています。

女性用シャツは脱がせやすい？

☆シャツのボタンは、男性が右前、女性は左前。日本の着物は男女関係なく右前で、その理由は右利きが多いからだといいます。中世ヨーロッパでボタン付きシャツが登場した時、そのような服を着たのは上流階級の貴婦人だけでした。

女性用シャツが左前になっているのは、彼女たちは自分で着ることはなく、すべて召使いにやらせていたことから第三者がボタンを留めやすいように左前になったのです。逆に言えば、脱がせやすいということにも…。

きょうは何の日!?

●メーデー、日本赤十字創立記念日 ●世界初の切手がイギリスで発行(1840) ●NY.エンパイアステートビルディング完成(1931) ●東京都の人口が900万を突破(1959) ●日本初の民放FM局FM東海が開局(1960) ●国家公務員の完全週休二日制(1992)

May
5月
2

【日本に現存する最も古い鉛筆は久能山東照宮にある！】

1886（明治19）年5月2日、新宿の眞崎エンピツ製造所が、日本初の工場生産による鉛筆の製造販売を開始しました。現在の三菱鉛筆です。

ペンシルってエッチな意味？

☆鉛筆を英語で言う「ペンシル」は、ラテン語で尻尾を意味する「ペニス」が語源で、後にペニスは男性器を意味する言葉になりました。「ペンシル」は尻尾のように長細いものという意味で、ぶら下がっているという意味では「ペンダント」も同じルーツの言葉です。

日本最古の鉛筆の所有者は？

☆木でできた筒に鉛を詰めて使う鉛筆が誕生したのは16世紀、1560年前後のスイスとされています。

☆日本に鉛筆が入ってきたのは、それからわずか20年ほど後の戦国時代末期で、宣教師が日本に持ち込んだとされています。

日本最古の鉛筆はあの人が使ったもの

☆九州の大名や織田信長あたりが日本人で初めて鉛筆を使ったのではないかと考えられていますが、日本に現存する最も古い鉛筆は、静岡県の久能山東照宮に保存されている徳川家康の遺品にあった鉛筆です。そしてこの鉛筆はスペインの皇帝から贈られた物で、使われている芯はメキシコ産の黒鉛、軸の木材は中南米産のマホガニーでできているそうです。そしてレントゲンで調べたところ、芯が内部で二カ所折れていました。

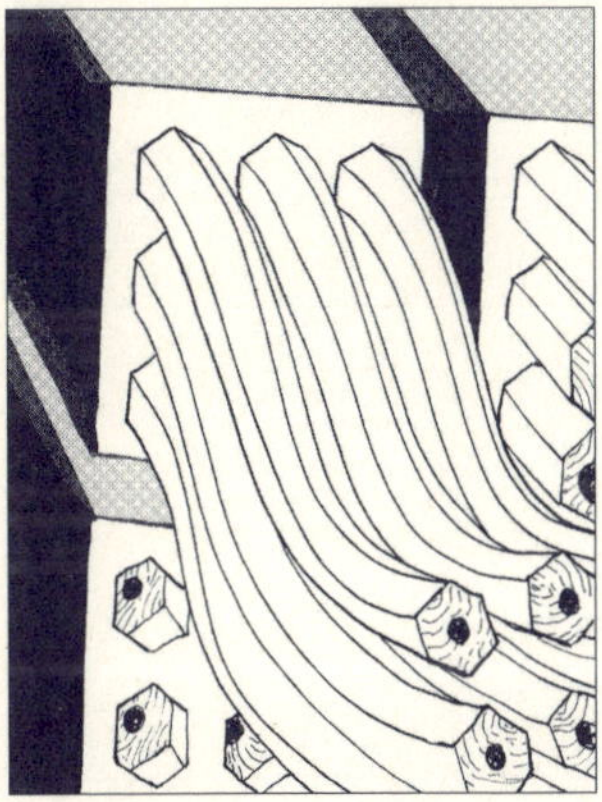

伊達男の鉛筆も古い！

☆伊達政宗の遺品からもかなり古い鉛筆が出てきています。家康の鉛筆とほぼ同時代の物です。ただし伊達政宗の鉛筆は保存状態が悪く原型をとどめていなかったので、完全な形で残っている物では徳川家康の鉛筆が最古です。

鉛筆の硬さの雑学あれこれ

☆鉛筆にはHからBまで色々な硬さがあります。これらは基本的に材料は同じですが、作る時の火力で硬さが決まり、火力が強いほど硬くなるのです。

☆Hは硬いという意味のHard、Bは黒いという意味のBlack、そしてHとBの間にあるFは、シッカリしたという意味のFirmの頭文字です。

☆かつて硬さは6B～B、HB、F、H～9Hの17段階でしたが、2008年10月に三菱鉛筆が10B～7Bと10Hを発売したことによって22段階の鉛筆が存在しています。

鉛筆1本で長編作家に！

☆鉛筆1本でおよそ50㎞の線を引けるそうです。ボールペンは約1・5㎞しか引けないので、かなり優秀です。原稿用紙では2500枚分ほど文字が書けるということになり、鉛筆1本で大長編小説を書くことができます。

きょうは何の日!?

●医師開業許可免許制はじまる（1906）　●日本初のメーデーが上野公園で（1920）　●国産初のタイムレコーダー完成（1932）　●日本初のサマータイム実施（1948）　●世界初のジェット旅客機コメット号が就航（1952）　●野茂英雄がメジャーリーグ初登板（1995）

May
5月
3

【先進国初の女性宰相は子供を持つ親の敵だった!?】

1979年5月3日に、イギリスで先進国初の女性首相マーガレット・サッチャーが就任しました。

「鉄の女」と呼ばれた理由

☆サッチャーが首相だったのは、1979年から1990年までの12年間。フォークランド紛争が勃発し、さらに大不況時代で失業者があふれていた当時のイギリスを立て直した凄い方でした。そのことから「鉄の女」と呼ばれていました。

「ミルク泥棒」の異名も

☆サッチャーには首相時代「鉄の女」とは別に「ミルク泥棒」という呼び名もありました。当時イギリスの学校では政府による牛乳の無料配給がありましたが、それを「子供にミルクを与えるのは母親の仕事であり、国の仕事ではありません」とバッサリと廃止したことで、PTAから「子供たちからミルクを盗んだ女」と叩かれたのです。他にも消費税を15％に引き上げるなど、数々の強行措置を実行し、イギリス経済を立て直していったワケです。

日本のメロンを絶賛

☆サッチャーは就任約1カ月後の6月28日に、主要国首脳会議サミットのために初来日しています。その時、日本の印象を聞かれ「日本は素晴らしいが、一番驚いたのはメロンが美味しいことです」と発言しています。というのも、日本ではイギリスのアールスメロンをマスクメロンと名付け、1本の苗木に1個のメロンしか実らせないように大事に育て、イギリスでは味わえないような甘くて高級なメロンに育て上げていたからです。そのことから彼女の中では「日本はメロンが美味しい国」となったのです。

日本の閣僚に起用!?

☆1990年に首相を退任した9年後の1999年、朝日新聞に「小渕内閣が閣僚に外国人政治家、ロシアのゴルバチョフやイギリスのサッチャーなどを起用する予定」という記事が掲載されました。といってもこれはエイプリルフールの記事。イギリスなどではこの日にウソの記事を書いてみんなで笑う風習があったため、朝日新聞もやってみたのでした。しかし当然、読者からはクレームの嵐になってしまいました。

「鉄の女」なのに銅像

☆2007年にサッチャーの銅像がイギリス国会議事堂内に建立されています。過去にも多くの首相の銅像が造られてきたのですが、生前に建立された銅像はこれが初です。

この時、サッチャーは81歳。「鉄で作るのかと思ったのですが銅像でしたね。でも銅像は錆びないからいいですね」と言って、笑いを取っています。実はこの時、まだマスコミには公表していませんでしたが、彼女は認知症に苦しんでいたということです。

きょうは何の日!?

●憲法記念日　●江戸城の無血開城（1868）　●東京気象学会設立（1882）　●鈴鹿で第1回日本GPレース（1963）　●少女マンガ雑誌「花とゆめ」創刊（1974）　●KARAOKEが英語の辞書に（1993）　●ネット犯行予告バスジャック・ネオむぎ茶事件（2000）

May
5月
4

【日本の戦艦の多くにはラムネを製造する設備があった】

1872年5月4日、東京の実業家・千葉勝五郎がラムネの製造販売の許可を取得しました。

語源はレモン水

☆ラムネの語源は、レモン水を意味する英語「レモネード(lemonade)」です。

黒船とともに日本へ上陸

☆日本初のラムネは幕末の1853年、黒船と共にやってきました。この当時、まだラムネのフタはビー玉ではなく、ワインと同じようにコルクを使っていました。黒船の上でアメリカの水兵が幕府の役人にラムネをご馳走しようとコルク栓をポンと開けた時、幕府の役人は一斉に刀の柄に手を掛けたとも言われています。

ラムネ瓶の正式名称は

☆その後、現在のビー玉を使ったラムネの瓶が、イギリス人のハイラム・コッドという人によって発明されました。コッドさんが考案したことからビー玉でフタをする瓶を「コッズボトル」と呼びます。

☆コッズボトル発明から十数年後の1892年に、日本で徳永玉吉という人がこのラムネ瓶を改良したモノを制作しています。それが現在のような、飲む時には玉が引っかかる部分があって、さらに瓶をくびれさせて玉が下まで落ちないようにしてあるラムネ瓶です。さすが玉吉さんです。

ラムネ瓶を製造している国

☆ラムネ瓶のようにビー玉でフタをする方法の炭酸飲料を現在も製造しているのは、日本とネパールの2カ国だけです。もっとも現在日本では飲み口が全部プラスチック製になっているので、正式にはネパールだけと言えます。

ラムネでコレラを撃退?

☆大正時代、コレラが流行の兆しを見せている時に、横浜毎日新聞が「炭酸ガスがコレラの予防になる」という趣旨の記事を掲載したために、その日のうちに横浜中のラムネが売り切れたことがありました。とりあえず炭酸飲料を飲むと血管を一時的に膨張させ、血流をよくする薬効はあるらしいのですが…。

戦艦でも造っていた

☆日本海軍の戦艦の多くには、ラムネを製造する設備がありました。特に南方に出陣する戦艦には必要不可欠な設備とされ、兵士のノドを潤し、甘味を供給していたそうです。

守られているラムネ製造

☆ちなみにラムネは、大企業から発売されると弱小メーカーが潰れてしまうという配慮から、発売できる企業の規模制限が設けられているそうです。だからラムネはあまり名前を聞いたことのないメーカーから発売されているのです。その中で最も大きい会社が飲料メーカー「サンガリア」だそうです。

きょうは何の日!?

●みどりの日　●ノストラダムス予言書を出版(1555)　●イギリス第1回ダービー(1780)
●築地に軍艦操練所を設置(1856)　●日本プロ野球初のランニングホームラン(1936)
●樺太犬タロが南極から帰国(1961)　●小型ヨットで堀江健一が世界一周(1974)

May
5月
5

【赤ちゃんが最初に発する産声は人種に関係なく「ラ」の音】

1949年5月5日「こどもの日」が国民の祝日として施行されました。それを記念して「第1回全国赤ちゃんコンクール」が開催されています。

産声の音程は世界共通

☆赤ちゃんと言えば、「泣くのが仕事」とよく言われますが、泣くことによって筋肉が鍛えられていくのです。実は、不思議なことに、赤ちゃんが産まれた時に一番最初に発する産声は、人種や性別の違いに関係なく、すべて「ラ」（440Hz）の音程だとされています。

最初に認識するのは赤

☆赤ちゃん向けのおもちゃに赤い物が多いのは、人間は生まれた時に赤い色から認識し始めるため。つまり赤いおもちゃがあると、すぐそこに手を伸ばすそうなのです。

歩き始めは「なんば歩き」

☆赤ちゃんが歩き始めた時の歩行方法は、いわゆる「なんば歩き」です。右手右足を同時に出すちょっと危なっかしい歩き方ですが、幼稚園などで行進を覚えるまで基本的になんば歩きをします。

そのことから、本来はなんば歩きが人間にとって自然な歩き方なのだと考えられています。

音痴でも母親は歌ったほうがいい

☆赤ちゃんはどんなに音程が外れた歌でも、聞き慣れた母親の声が聞こえると安心します。なので母親は音痴でも遠慮なく歌う方がよいのです。外れた音を聞いたせいで、その子が音痴になることはありません。

「レロレロバー」の意外な語源

☆子供が泣きやまない時に使う「レロレロバー」という言葉があります。実はこの「レロレロ」にもちゃんと意味があります。中国で誕生した言葉で「レロ」を漢字では「遼来」と書きます。この「遼」は「三国志」に出てくる武将「張遼（ちょうりょう）」のことで「泣きやまないと、あの恐い張遼がやって来るよ」と子供をしつけたことから来た言葉です。

「ちちんぷいぷい」は春日局に由来？

☆同じように不思議なおまじないの言葉「ちちんぷいぷい」も由緒ある言葉だと言われています。一説には春日局が、幼少期の徳川家光が転んで痛がっている時に使った言葉だとされています。意味は「あなたは智仁武勇（ちじんぶゆう／知識も武術も）を兼ね備えた立派な人物なのだですよ」と言って泣きやませたことに由来するそうです。

「ややこしい」赤ちゃん

☆ちなみに「ややこしい」という言葉は「赤ちゃん」を意味する「ややこ」から来た言葉で、赤ちゃんは扱いが難しいという意味です。それ故に「ややこしい」の反対語は「大人しい」なのです。

きょうは何の日!?

●こどもの日、わかめの日　●カーネギーホール開場（1891）　●シャネルの香水、No.5発売（1924）　●衆議院普通選挙法公布（1925）　●児童憲章制定（1951）　●多摩動物園開園（1958）　●日本国中のTVがカラー化（1968）　●代々木公園開園（1970）

May
5月
6

【車のナンバーに「へ」が使われないのは屁を連想するから】

1998年5月6日、この日に自由に車のナンバーが選べる制度が発足しています。

遺産になったナンバープレート

☆イギリスで一番最初に発行された自動車のナンバープレートは、1900年代初期のイギリス人、ジョージ・ベネットさんの「A・1」というもの。彼はこのナンバーを名誉と感じ、遺産目録の中にこのナンバーを入れていました。

「42」「49」も選べる時代

☆自動車のナンバーには、下2桁が語呂合わせで縁起の良くない「42(死に)」や「49(死苦)」は使われない、という雑学が昔はありましたが、現在の自由に数字が選べる制度になってからは、あえてこの数字を指定する人もいるそうです。

プレートに使われない平仮名

☆ナンバープレートに平仮名の「お・し・へ・ん」は使われません。

「お」は「あ」と見間違いやすく発音が「を」と同じだから。「し」は死を連想させ縁起が悪いから。「へ」は屁を連想させるから。そして「ん」は発音しにくいためです。

レンタカーは「れ」じゃないの?

☆一般的にレンタカーには「わ」が使われていますが、北海道では「れ」が使われています。法令発布時、通達がFAXで送られたのですが、画質が悪く北海道の担当者がレンタカーの「れ」だと思い込んでしまったためだと言われていますが、本当の理由はハッキリしていません。「れ」は他に、奄美地方のレンタカーにも使われています。

☆夜に発光するナンバープレートは、北海道が発祥の地。昭和45年11月に雪の中でも見えやすくするため作られたものが全国に広がりました。

高貴なプレート

☆皇室専用車にもナンバープレートが付けられていますが、それは一般的な四角いプレートとは全然違います。約10㎝ほどの銀色の円盤に金色で「皇」の一文字と数字(1~12)が書かれているものです。

ハイフンが使われる理由

☆ナンバープレートに使われている4桁の数字の真ん中に「-(ハイフン)」が付いている理由は、事故や犯罪などの際、数字をパッとみて理解しやすいことからです。昭和37年のナンバープレート表示改訂の時に採用されました。

語呂合わせで奥さんの名前に

☆俳優の高島忠夫と寿美花代夫妻が新婚当時に乗っていた自動車のナンバープレートは「す・3874」。語呂合わせで「す・みはなよ」です。当時、マークⅡのCMに夫婦で出演していたため、自動車会社から寄贈されました。

きょうは何の日!?

●ゴムの日　●パリ万博・エッフェル塔公開(1889)　●飛行船ヒンデンブルク号爆発(1937)　●戦後ラジオ体操が復活(1951)　●コメディ「てなもんや三度笠」放送開始(1962)　●改正著作権法公布(1970)　●浜岡原子力発電所の原子炉停止決定(2011)

May
5月
7

【欽ちゃんがキムタクにつけたあだ名は「おいなり君」】

1941年5月7日は、コメディアン萩本欽一さんの誕生日です。

コント55号が始球式

☆欽ちゃんは最初、坂上二郎さんとのコンビ「コント55号」で有名になりました。その時代に、1970年から4年間しか存在しなかったヤクルトアトムズの始球式で当時大人気だった二人が登場しています。ピッチャー萩本欽一、キャッチャー坂上二郎。二人とも背番号は55でした。

野球拳でPTAのお目玉

☆欽ちゃんがキッカケで流行った物に「あっち向いてホイ」があります。オーディション番組「スター誕生」で審査員が話し合っている最中の時間を繋ぐために、お客さんと遊ぶコーナーとして始めたものが全国に広まりました（桂三枝さんが元祖という説もあり）。

☆実は欽ちゃんはそれ以前にもジャンケン絡みで「野球拳」を流行らせています。欽ちゃんと言えば健全な笑いのイメージがありますが、70年代初期はテレビで野球拳を行い、PTAから「テレビに相応しくない」と吊るし上げられたこともあります。

見栄晴はジャンケンでデビューを決めた

☆「欽ちゃんのドコまでやるの？」という番組の子役オーディションの時、最終審査で「もう誰がなっても同じようなものだなぁ」とジャンケンで決めたこともありました。その時に運良くジャンケンで勝ち残ったのがタレントの「見栄晴」さんです。

「天然ボケ」は欽ちゃん命名

☆欽ちゃんが作った言葉で、意外なものに「天然ボケ」という言葉があります。「面白い関西の芸人がいる」という噂を聞いて明石家さんまの運転手だったジミー大西に会った時に、「なぁんだ、面白いことができるんじゃなく、元々考えてなくて天然にボケている人なんだぁ。天然のボケはイジリ甲斐が無いからダメだなぁ」と言ったことがキッカケになって生まれた言葉です。

仮装大賞出身のビッグなアーティスト

☆欽ちゃん絡みで世界的に有名になった人もいます。「スター・ウォーズ」のエピソード1〜3などのCGを手がけているCGアーティスト上杉裕世（ゆうせい）さんは、「欽ちゃんの全日本仮装大賞」で優勝して得た100万円を渡米費用にして大成功したのです。ちなみにその時の優勝作品は「カブトムシ対クワガタ」でした。

欽ちゃんがキムタクにつけたあだ名

☆木村拓哉は15歳の時に萩本欽一プロデュースのグループに選ばれていますが「君の好きな食べ物は？」「おいなりさんです」「じゃあ今日から君のニックネームはおいなり君ね」と言われ、ショックを受けてレッスンに通わなくなり辞退したそうです。

きょうは何の日!?

●博士の日、粉（こなもん）の日　●ベートーヴェン高校局第9番初演（1824）　●国産初の自動車が初めて走る（1904）　●東京通信工業（後のソニー）創業（1946）　●エリザベス女王夫妻来日（1975）　●富士通が日本語電子タイプライター発売（1980）

May
5月
8

【小鹿が活躍するアニメ「バンビ」はホラー映画だった!?】

1951年5月8日、日本で公開されるディズニーアニメ「バンビ」宣伝のためにアメリカから子鹿が来日と新聞に書かれています。

西洋でも日本でも鹿は動物代表

☆鹿は英語で「ディア（deer）」ですが、古い英語では「野生の動物」を表す言葉が「ディーア（deor）」で、そこから来ています。西洋人にとって野生動物の代表が昔は鹿でした。

日本はと言うと、昔、野生動物はすべて「シシ」でしたが、江戸時代まで鹿を「シシ」と呼んでいた記述があります。西洋と同じように動物の代表が鹿だったのです。日本庭園にある「ししおどし」も漢字で「鹿威し」と書きます。

「幼い」という意味

☆「バンビ（Bambi）」という呼び名はイタリア語で「幼い」「初心者」という意味。イタリア語で赤ちゃんを「バンビーノ（bambino）」と言いますが、このバンビもバンビーノも赤ちゃんの言葉、日本風に言えば「バブバブ」という言葉から誕生した言葉です。それを童話作家フェリックス・ザルテンが童話「バンビ」の小鹿の名前に付けたのです。この作品がアニメ化されてヒットしたことによって、現在はバンビ＝「小鹿」を意味する言葉にもなっています。

手塚治虫の発売停止作品

☆日本公開の翌年、1952年に手塚治虫さんが「バンビ」という漫画単行本を出版しています。しかしこの漫画作品は手塚さんが勝手に書いてしまったのでディズニーからクレームが付き、再販できず、「手塚治虫全集」にも収録されず、幻の作品になったと言われていました。

実は勝手に書いたのではなく、鶴書房からの依頼で書いた物。その鶴書房もディズニー映画の日本配給権を持っていた大映に許可を得た上での出版だったのです。しかし本家のディズニーはそのことを許可していなかったことから、再販されなかったというのが真相でした。

ディズニーがネタをパクった!?

☆ところが2005年にディズニー側が「漫画の神様、手塚が書いたバンビを復刻したい」と申し出て、1度だけ復刻されています。その裏には「ディズニーは手塚治虫の『ジャングル大帝』を勝手に作り替えて『ライオンキング』を作った」という騒ぎが持ち上がったことがありました。その流れでの復刻だったのでは!?と噂されています。

本当は恐いバンビ?

☆アニメ「バンビ」は、2007年にアメリカの「TIME」誌が選んだ「ホラー映画ベスト25」に選ばれています。実は選出した委員の一人が「母鹿が突然死んでしまい、小鹿のバンビが孤独で困難な道を歩む物語を子供の頃に見て恐怖心を覚えトラウマになった」と発言したことから、なぜか「ホラー映画ベスト25」に選出されてしまったのです。

きょうは何の日!?

●松の日、世界赤十字デー　●鎌倉の大仏の建立開始（1238）　●ジャンヌ・ダルクたちがオルレアン市を開放（1429）　●日本初の公共図書館・書籍館が開設（1872）　●ビートルズ最後のアルバム「Let It Be」リリース（1970）　●ソ連がロス五輪へ不参加表明（1984）

May
5月
9

【フランダースの犬に登場する天使はカルピス社長の一言で加えられた！】

１９０５年５月９日、森永商店（現在の森永製菓）のエンゼルマークが登録商標になりました。

なぜエンゼルマーク？

☆初期の商品に日本ではまだ珍しかったマシュマロがあり、これが大ヒットしました。欧米などではマシュマロのことを「エンゼルフード」と呼んでいたことから森永の会社のマークに採用したそうです。この時にデザインされたエンゼルは、手にTとMを組み合わせたものを持っていました。このTとMは創業者・森永太一郎のイニシャルです。

エンゼルの語源は「伝令」

☆勘違いする人もいますが、弓矢を持っているのはエンゼルではなくキューピッドです。キューピッドは「愛」だけを担当していますが、天使はもっと全体を総括する神様の伝令を伝える役目を持っています。そのことからギリシャ語で「伝令」を意味するアンゲロス（angelos）がエンゼル（angel）という名前の語源になっています。

いろいろな所に天使が出現

☆西洋では素敵な出来事やきれいなものを「天使」に例えることが多くあります。例えば、ウィスキーやブランデーを醸造する時に、樽の中で少し蒸発して量が減るのですが、その減った分のことを「天使の分け前」と言います。

神の使いである天使が飲んだウィスキーは、神様にも認められた美味しい物という意味です。

☆また、シャンパンをグラスに注いだ時に炭酸が弾ける音を「天使の拍手」と言い、やはり天使が祝福するほど美味しいという意味になっています。

☆パンが焼き上がった時に聞こえる音は「天使の声」。雲間から差し込む光のことは「天使のはしご」。会話の最中にふと話が途切れた瞬間、あるいは多くの人がいてザワザワしている時にふと一斉に静かになった状態を「天使が通った」と表現します。

救いが無かった原作

☆「フランダースの犬」のラストシーンは、教会でルーベンスの絵を見ながら主人公ネロと犬のパトラッシュが凍死をするというあまり救われないストーリーです。実は原作では凍死して物語はアッサリ終わってしまいますが、アニメ版ではその後、ネロとパトラッシュは天国から降りてきた天使に導かれて魂が空に昇っていきます。

実はこの番組のスポンサーだった「カルピス」の土倉冨士雄社長が敬虔なクリスチャンで、「死は総ての終わりではなく、天国への凱旋である」と発言したことから天使が降りてくる場面が加えられたのです。このアニメの影響で、西洋でも最近は「フランダースの犬」のラストは天使によって救われるのが定番になってきているようです。

きょうは何の日!?

●アイスクリームの日　●日本初の公園・上野公園開園（1876）　●日産スカイライン発表（1957）　●沖縄の旅券国籍が琉球人から日本人へ（1966）　●NECがパソコンPC8000シリーズ発表（1979）　●森光子の舞台「放浪記」2000回（2009）

May
5月
10

「母の日」の提唱者・アンナは「母の日」を祝ってもらうことはなかった

亡き母に捧げた花

☆5月の第2日曜日は「母の日」です。母の日は、アメリカ・ウエストバージニア州の女性教師アンナ・ジャービスが提唱したものです。1907年5月10日、彼女の母親が亡くなり、翌年の命日にグラフトン教会で母親感謝の礼拝を行った時にカーネーションを捧げたのが始まりです。

法律で決められた「母の日」

☆それがどういう経緯なのか、翌年にはウエストバージニア州で州法として定められ「母を敬おう」という運動として展開されました。6年後の1914年にウィルソン大統領が5月の第2日曜を「母の日」として法律で定めるに至ったのです。日本では大正時代にこの風習が紹介されていますが、一般に広く普及していったのは第二次世界大戦後の1949年以降です。

聖母マリアの涙のあとに咲いた花

☆カーネーションには深い意味はなく、アンナの母親が好きだった花です。つまり本来はカーネーションに限定することも無く、母親の好きな花でよいと考える人も多くいます。ただしキリスト教では、キリストが十字架にはりつけになった時に聖母マリアが落とした涙のあとに生じた花とも言われ、母親の愛情を表すものだと考えられているそうです。

名前の由来

☆カーネーションという名前の由来はラテン語の「肉色（incarnation）」と言われ、現在もフランス語では「肉の色」という意味でcarnationと言います。英語では16世紀頃まで、同じ意味で使われていました。ほかに冠飾りの意味だったという説もあります。

贈る時は色に注意

☆カーネーションの花言葉は赤「母の愛情」、ピンク「あなたを愛します」、白「私の愛情は生きている」ですが、黄色は「軽蔑」とも言われるので要注意です。

ビール会社が新色を開発

☆世界中で生産されているカーネーションのおよそ25％を取り扱っている企業は「キリンビール」です。ビールメーカーはホップなどの生産で培ったノウハウを生かし、フラワー事業に手を広げている所が多く、特にキリンビールは1995年に世界初の青いカーネーションの開発に成功するなど多くの新品種の特許を持っています。ちなみにキリンビールの生花事業の売上げは300億円もあるそうです。

母の日を祝ってもらえなかった提唱者

☆母の日を提唱したアンナ・ジャービスは、次第に広がっていくこの運動に必死になって取り組み、気づいたら未婚のままでした。老後は生活保護を受けながら、誰からも母の日を祝ってもらえず、養老院で寂しい最期を迎えたそうです。

きょうは何の日!?

●日本気象協会創設記念日　●最澄と空海が遣唐使として唐に着く（804）　●ボストン茶会事件（1773）　●フーバーがFBI長官に就任（1924）　●ソニーが家庭用ビデオレコーダー1号発売（1981）　●グリコ森永事件、最初の脅迫状が届く（1984）

May
5月
11

【J・ディーンがLEVI'SのCMではいていたのはLeeのジーンズ】

1977年5月11日、大阪大学文学部で非常勤講師フィリップ・ベーダ氏が「ジーパンの女子は出て行け！」と発言し、大問題になりました。

ジーパンは反社会的な服装

☆今では理解しにくい事件ですが、ジーパンは元々作業服で、1960～70年代の学生運動で若者が反社会的な意味を込めて履き始めたのが広がったキッカケでした。

☆フィリップ・ベーダ氏は保守的な人でジーパンを嫌っていました。しかも女性がはいていることが許せず「出て行け」発言をしたのです。その後、抗議の女子学生たちが教室に押しかけて大混乱となり、二週間後にはベーダ氏が辞職することとなってしまいました。

イタリアの地名に由来

☆ジーパンは正しくは「ジーンズ生地で作ったパンツ」ですが、このジーンズ（jeans）というのはイタリア北部の港町ジェノヴァ（英語ではジェノア：Genoa）で作られる生地という意味です。

ジーパンは和製英語

☆日本以外の外国はジーンズと呼び、ジーパンという呼び方は和製英語です。先ほど「ジーンズ生地で作ったパンツ」と言ったので、その略称で「ジーパン」なのかと思いがちですが、実はちょっと違います。

☆ジーパンが日本に入ってきたのは戦後のことで、日本に駐留していた進駐軍、いわゆるアメリカ軍の不要物資からです。そのため当時、アメリカ軍人を意味する「G・I・」のパンツ、という意味で「Gパン」と呼んだのが最初だと言われています。

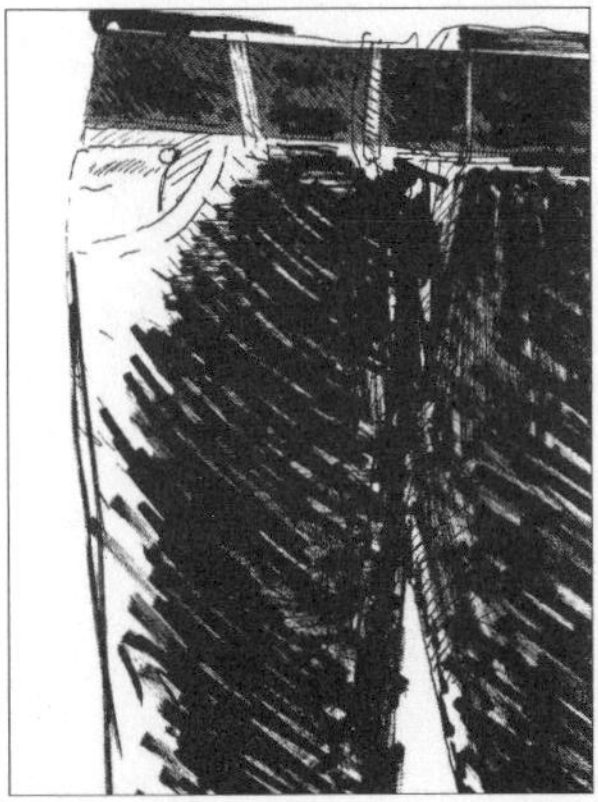

国産ジーンズ1号は？

☆国産初ジーンズは1961年のEDWIN社のもの。と自社HPに書かれていますが、実際には高畑縫製が1950年代に「エイト・G」というジーンズを生産しています。このジーンズはLEVI'S社からステッチ関連で商標権の告訴を起こされていることで記録に残されています。

J・ディーンはLee愛用者

☆LEVI'S社と言えば、一時期CMキャラクターにジェームズ・ディーンの古いフィルムを使用していましたが、実はそのフィルムで履いていたのはLeeのジーンズ。実はジェームズ・ディーンは映画でもプライベートでもLeeの愛用者でした。

Leeは意外な物を考案している

☆ジーパンメーカーLeeは、もともと農業用作業服を作っていた会社ですが、その当時にホワイトアスパラガスの缶詰を考案しています。

ジーンズの色落ちを防ぐ豆知識

☆ちなみにジーンズは色褪せも味のうちですが、買ってからすぐに濃い塩水に丸一日漬けた後で洗濯をすると、その後何度洗ってもほとんど色落ちしなくなります。

きょうは何の日!?

●ロシア帝国皇太子の暗殺未遂・大津事件（1891）　●日本初の点字日刊新聞「点字毎日」発刊（1922）　●ノモンハン事件（1939）　●エベレストに日本人初登頂（1970）　●日本のトキが絶滅（1995）　●チェス名人がコンピュータに敗れる（1997）

May
5月
12

【ラジウムを発見したキュリー夫人の家族は、ほぼ全員が被曝で死亡】

1898年5月12日は、キュリー夫妻がラジウムを発見した日です。

夫もノーベル賞

☆伝記などでも「偉業を成し遂げたキュリー夫人」として有名で「旦那はどうした?」と思われがちですが、実際にはキュリー夫妻としてラジウムを発見しており、夫婦そろってノーベル賞を受賞しています。

クオーツの原理を発見

☆奥さんの影に隠れてしまっているような旦那のピエール・キュリーさんですが、実はラジウムの発見者という以外にもすごい人で、私たちの生活に大いに関係する発見をしています。実は時計に使われているクオーツの原理、水晶は電気を通すと一定の振動をするということを、ピエールさんは兄のジャックさんと共に発見しています。

この発見が無ければ、現在のような時計は発明されていなかったので、もしかしたらラジウムの発見より、こちらの方が私たちの生活には密接に関係しているかもしれません。

一家で5個受賞も…

☆キュリー夫人の娘イレーヌとその夫のフレデリックもノーベル賞を受賞しています。キュリー夫人は2度受賞しているので、一家で5度も受賞していることになります。

☆もっとも当時はまだラジウムから出る放射能が危険だとはほとんど考えられていなかったことから、馬車の事故で46歳で亡くなった夫のピエール以外、家族全員が被曝が原因で亡くなっています。

☆キュリー夫人は亡くなる半年ほど前からラジウム放射能による白血病の症状が出ていましたが、死の前日に朦朧とした意識の中で「これはラジウムで作ったのですか」などと言い始め、注射をしようとする医者に「嫌です、構わないでください」と叫んだのが最期の一言となりました。その後、昏睡状態になり翌日亡くなっています。

幻の3度目のノーベル賞

☆ちなみに娘とその夫の二人がノーベル賞を受賞したのは、キュリー夫人が亡くなる直前まで研究していた「人工放射能」の結果をまとめた、たった雑誌1ページほどの論文です。

☆ノーベル賞の受賞規定に「賞を与えられるのは現時点で生存している人」という項目があるので、キュリー夫人の3度目の受賞はなく、娘夫婦に与えられたのです。ちなみにこの時の論文がノーベル賞を受賞した論文の中で最も短い文章だそうです。

スキャンダルも起こしている

☆夫が亡くなって5年後、夫の弟子だった5歳年下の科学者と不倫騒動を起こしマスコミを賑わせています。その関係は批判されて破局していますが、ずっと後に二人の孫同士が結婚しています。

きょうは何の日!?

●看護の日、海上保安庁開庁記念日　●アメリカザリガニの輸入（1927）　●リンドバーグの長男誘拐事件（1932）　●母子手帳の配布開始（1948）　●甲子園で初ナイター（1956）　●NHKがTV衛星の試験放送開始（1984）　●中国でM7.9四川大地震（2008）

May
5月
13

「レインボーブリッジ」は愛称で正式名は「東京港連絡橋」

1987年5月13日、JR東日本が「国電」に代わる呼称を「E電」とすることを発表しました。

なぜか20番人気の名称に

☆この名称は、国鉄が民営化され「JR」になった際、JR東日本が「国鉄じゃなくなったので、国電という名称に代わる名称を決めよう」と提案したものです。実はこの時、一般公募で多かった名称は「首都電」なのですが「スト電」と聞こえるという理由で却下されています。

　その時に、なぜか審査員の小林亜星さんの推薦で20位だった「E電」に決定しています。

タレント起用し宣伝するも…

☆E電の「E」とは東（East）という意味と、ローマ字で書くと「エデン（Eden）」となることが含ませてあるそうです。この名称に決定した当時、テレビの英会話コーナーで有名だったウィッキーさんを起用したPR広告も行われましたが、あまり定着せずに今に至っています。

ドームの愛称

☆「ビッグエッグ」というのは東京ドームの形が大きな玉子に見えるということから名付けられましたが、後付けで「BIG EGG」は「Big Entertainments & Golden Games」の略称という説明が誕生しました。

☆同じように大阪ドームの愛称「フラワードーム」も浸透せず、ほとんど使われていません。

空港や橋の愛称

☆羽田空港の通称「ビッグバード」は直訳すると「オオトリ（鳳）」です。羽田空港のデザインが宇治平等院鳳凰堂をヒントにしているからだと言われています。

☆東京にある「レインボーブリッジ」は愛称のほうが定着していて正式名称の「東京港連絡橋」がほとんど知られていませんが、逆に瀬戸内海に掛かる明石海峡大橋は「パールブリッジ」という愛称があまり知られていません。

勘違いが災いのもと?

☆ちょっと意外な物では、暑中見舞いハガキの愛称「かもめーる」は2004年に「世間の認知が高まらず、愛称として定着しなかった」との理由で廃止されています。

☆もっともこの名称は、勘違いで付けられたもので、実際にはカモメは「津軽海峡・冬景色」にあるように、冬の海岸線にいる鳥で夏場の海にはいません。夏の海にいる鳥はウミネコなのです。

定着しなさそうな愛称候補は?

☆現時点で次の「定着しなかった愛称」候補は、日本道路公団がETCを「Eテック」と呼んでいることでしょうか?

きょうは何の日!?

●金閣寺の上棟式（1397）　●宮本武蔵と佐々木小次郎が巌流島で対決（1612）　●NHKが国産TVの試験電波を発信（1939）　●日本勧業銀行が第1回報国債券発売（1940）　●大阪・千日デパート火災（1972）　●300kmに渡るシルクロード鉄道開通式（1996）

May
5月
14

本当はガリレオはあの有名な名言を言ってない

1796年5月14日、医学者ジェンナーが天然痘ワクチンの実験で8歳の少年に牛痘を接種しました。

医学者ジェンナーの真実

☆ジェンナーは、天然痘ワクチンを開発したイギリスの医学者で、のちに近代免疫学の父と呼ばれた人物です。

☆昔読んだ伝記物では「ジェンナーは我が子を実験台にして予防接種を行った」などと書かれていましたが、実際には人体実験をしたのは自分の息子ではなく、ジム・フィップスというジェンナー家で働いていた労働者の息子でした。

教育のために嘘の話に

☆「自分の子供で実験をした」という間違った話が広がっているのは、実は日本だけです。ではどこで間違ってしまったのかというと、明治43年発行の修身の国定教科書の中で「我が子を実験台にしてまで人類のために…」という美談として描かれたのが最初だとされています。

ワシントンは桜を切っていない

☆このように伝記は「いかに素晴らしい人だったか」という架空の話で尾ひれが付いてしまうことが時々あります。

☆たとえば「ワシントンは少年時代、桜の木を切ったことを正直に言ってほめられた」という話がありますが、これも亡くなった後で創作された話です。

死後に発表された伝記「逸話で綴るワシントンの生涯」の初版には桜の木の話はなく、第5版でいきなり書き足されています。しかも最初は「桜の木を傷つけた」だったのですが、時代を経るに従って「切り倒した」という派手な話になっているのです。

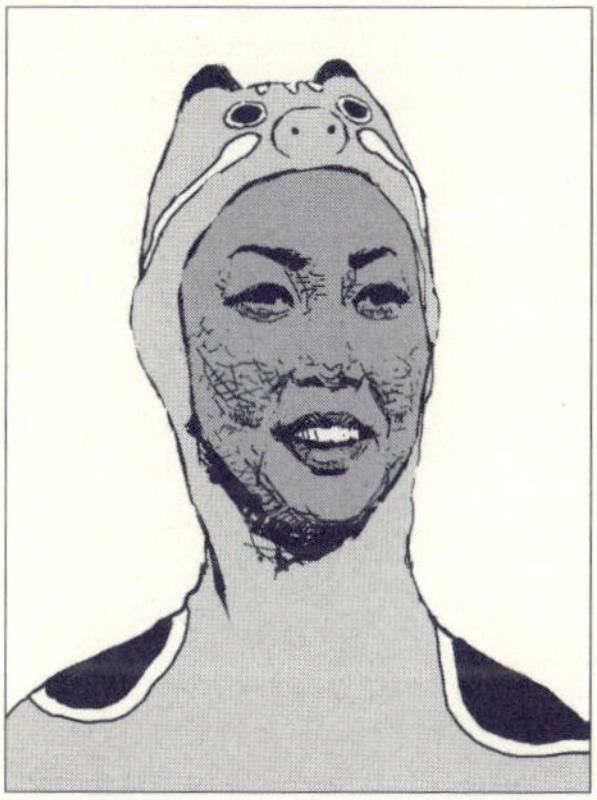

あの名言も捏造

☆地動説を称えたガリレオ・ガリレイが裁判にかけられた時に「それでも地球は回っている」と言ったというのも、後から勝手に「権力に屈しなかった」ということで付け加えられたエピソードです。実際に裁判の時にそんなことを言っていたら、もっと重い罪になってしまいます。

☆このようにジェンナーさんの実験は人類にとって偉大な功績だったのですが、それすら利用されて事実をねじ曲げられてしまったことがあるのです。

日本最後の天然痘患者はあの人！

☆ちなみにジェンナーが予防接種を考え出したことで、1970年代に天然痘は日本から根絶されましたが、日本最後の天然痘感染者はあのオセロの中島知子さんです。

幼稚園の頃、予防接種で免疫となるはずのワクチンから発症しました。正確には「仮性天然痘」と呼ばれるものですが、とっくに無くなったと思われた天然痘の症状が現れたことから、全国から皮膚サンプルが欲しいと連絡が入ったそうです。

きょうは何の日!?

●種痘の日、温度計の日　●ルイ14世が4歳でフランス王に即位（1643）　●世界初のアメリカンフットボールの試合（1874）　●大久保利通暗殺（1878）　●チャップリン初来日（1932）　●世界初の野球のナイター試合（1935）　●最後のスペースシャトル打ち上げ（2010）

May
5月
15

【セブンイレブンのロゴはよく見ると最後のNだけ小文字】

1974年5月15日、日本初のコンビニエンスストア、セブンイレブン1号店が東京江東区豊洲に開店しました。

日本初より古いコンビニ?

☆実は1974年開店のセブンイレブンより前に、1969年に大阪府豊中市にマミー、1971年に愛知県春日井市にココストア、1973年に埼玉県狭山市にファミリーマートの元となる店がそれぞれオープンしていますが、海外で考案されたコンビニという定義の第1号店は1974年のセブンイレブンです。

コンビニの定義

☆コンビニを管轄する経済産業省が「コンビニ」として認める条件は、食料品を扱っていること、面積が30平方m以上250平方m未満あること、そして営業時間が14時間以上あることとなっています。

最初に売れた商品は?

☆セブンイレブン第1号店のオープン最初のお客さんは、開店準備をしていた朝7時ちょっと前にフラッと入ってきた工事関係者らしい男性。店内をひと回りした後、レジ横にあった800円のサングラスを購入したそうで、これが最初に売れた商品です。そしてオープン初日のお客さんは800人という大盛況でした。

初の24時間営業はどこ?

☆現在コンビニは24時間営業が一般的ですが、最初は朝7時から夜11時までの営業でした。それでも朝早い7時から夜の11時と深夜まで開いているのが珍しく、それが店名になっています。

24時間営業を最初に始めたのは、1975年福島県郡山市の虎丸店です。実験的な試みでしたが大好評で夜中も遠くから車で買い物に来る人がいたことから、他店でも24時間営業を始めたのです。

コンビニおにぎり革命

☆セブンイレブンはパリパリの海苔で食べるおにぎりという新発想の商品を考え出しています。さらに1983年、ある革命を起こしています。それはツナとマヨネーズを合わせた「ツナマヨ」味の発明です。今や定番のツナマヨ味ですが、当時はマヨネーズを使ったおにぎりは誰も考えていなかったのです。

ロゴの秘密

☆セブンイレブンの看板にあるロゴ「SEVEN ELEVEn」をよく見ると最後の「n」だけ小文字です。

セブンイレブンの公式見解では「ただのデザイン的なもの」としていますが、実際にはこのロゴが最初に使われたアメリカの商標では、ただの数字の羅列、およびアルファベット表示では商標登録が出来なかったため、最後の一文字を小文字にすることで商標として認められたことによるらしいです。

きょうは何の日!?

●ミッキーマウス初登場「プレーンクレイジー」(1929)　●五・一五事件、犬養毅首相暗殺(1932)　●演芸番組「笑点」が放送開始(1966)　●沖縄がアメリカから返還され本土復帰(1972)　●児童向け雑誌「コロコロコミック」創刊(1977)　●ジュリアナ東京開店(1991)

May
5月
16

「奥の細道」の旅の日程メモはすごくデタラメだった

1689年5月16日、松尾芭蕉が「奥の細道」に旅立ちました。

忍者という噂が出た根拠

☆「松尾芭蕉は忍者だった」という噂があります。理由はまず出身地が忍者の故郷・三重県伊賀だったこと、それと「奥の細道」の日程があまりにもハードすぎて普通の人間では無理だと言われていたからです。

弟子の日記で凡人だと判明

☆ところが昭和13年に、松尾芭蕉の旅に同行していた弟子の河合曽良（かわいそら）が記録したドキュメンタリー日記「奥の細道随行日記」が発見されました。そこで松尾芭蕉がメモしていた日程がデタラメだったことが判明したそうです。

☆奥の細道で歩いた距離は約2400キロで150日かけて歩いているので、一日平均16キロなので、普通に歩いても充分可能な距離です。

有名な松島の句の真相

☆「松島や　ああ松島や　松島や」という俳句があります。これは芭蕉の句と誤解されていますが、実は芭蕉が詠んだ句ではありません。奥の細道の旅で松島で詠んだ句は「島々や　千々に砕きて　夏の海」というものです。しかし出版の際にボツして松島の句が欠番となっています。それに関して「松島の風景が美しすぎて上手に俳句に出来なかった」ということがささやかれ、いつの間にか「美しすぎて名前を連呼するしか無くなり『松島や　ああ松島や　松島や』と詠んだ」という話になってしまったようです。

古池の正体は「いけす」

☆松尾芭蕉の「古池や　蛙飛び込む　水の音」という句に出てくる古池は、現在の深川辺りにあった芭蕉の住居「芭蕉庵」の脇にあった池のこと。実は古くも風流なものでもなく、釣ってきた魚を養殖する為の「いけす」だったそうです。

☆「古池や」の句は日常を侘び寂びで描いた風流な作品と思われていますが、カエルは最初の一匹につられ一斉に水に飛び込む習性があり、大量のカエルがどぼどぼと飛び込む、風流とはほど遠い風景の可能性もあります。

晩年はトイレに籠もる？

☆芭蕉は諸国を歩きましたが、九州や四国行きは断念しています。理由は痔の悪化。晩年はトイレに籠もることが増え、弟子に「人間50年というが、我が人生25年は厠で過ごしている」と語っています。

セミの種類で論争に

☆「閑さや　岩にしみ入る　蝉の声」で鳴いているセミに関し、歌人の斎藤茂吉はアブラゼミ、評論家の小宮豊隆はニイニイゼミだと互いに主張して論争になったことがあります。最終的に山形県の立石寺（りっしゃくじ）と書かれた新暦7月13日という日付からニイニイゼミだと判明しました。

きょうは何の日!?

●旅の日　●天武天皇が肉食禁止令を出す（675）　●ルイ16世とマリー・アントワネットが結婚（1770）　●第一回アカデミー賞授賞式（1929）　●日本女子登山隊が女性初エベレスト登頂（1975）　●パソコンAppleⅡ発売（1977）　●「オレたちひょうきん族」放送開始（1981）

May
5月
17

【世界一古いメリーゴーラウンドは日本にある】

　1620年5月17日にトルコで開催された博覧会で世界初のメリーゴーラウンドが設置されました。

本来は遊具ではなかった

☆しかし、この初物がどのようなものだったのか、記録がほとんど残っていません。

　現在のメリーゴーラウンドは1860年頃にフランスで考案された物が元祖で、動力は蒸気機関でした。実はこの時は、馬術の練習機として考案されたものでした。

日本最古は世界最古?

☆日本最古のメリーゴーラウンドは、東京のとしまえんにある「エルドラド」です。実は日本だけでなく世界的に見ても現存している中では最も古いモノではないかと言われています。

☆ここに設置されたのは1971年で、それでも十分古いのですが、実はこのメリーゴーラウンドが作られたのは1907年のドイツです。この時は移動遊園地としてヨーロッパ各地を転々としたのですが、1911年にアメリカの遊園地コニーアイランドに買い取られ、渡米しました。そこで60年もの間人々を楽しませた後、日本にやってきて、現在も頑張っているのです。

本当の名前は

☆日本語では回転木馬と呼び、英語では「メリーゴーラウンド（merry-go-round）」と呼ばれていると思いがちですが、英語では通常「カルーセル（carousel）」と呼ばれています。

☆メリーゴーランドは英語では「楽しく回ろう」というニュアンス。それに対してカルーセルはフランス語で「騎馬パレード」という意味。元々スタジアムや競馬場のような場所を馬に乗って歩くことをカルーセルいいます。

　フランス語のカルーセルが正式名称で、英語名がメリーゴーラウンドということになります。

メリーゴーラウンドではない?

☆現在では業界的に、メリーゴーラウンドはただグルグル回るだけのもの、カルーセルはそのグルグルに上下の動きが加えられたものとされています。つまり日本の遊園地にあるものはほとんどカルーセルなのです。

空港にあるアレも

☆回転木馬に付けられたことから、最近はベルトコンベアーなどもこの名前で呼ぶようになっていて、空港で自分の荷物が出てくるのを待つ回転コンベアーも「カルーセル」と呼んでいます。

カルーセル麻紀さんの語源

☆そしてタレントの「カルーセル麻紀」さんの芸名は、芸能界デビュー前に勤めていたクラブの名前が「カルーゼル」だったことから来ているそうです。おそらくパリにあるカルーセル広場から名前を取った店なのでしょう。

きょうは何の日!?

●最初の屯田兵が北海道に入植（1875）　●映画「太陽の季節」封切り（1956）　●富士重工の初の純国産ジェット機が試験飛行（1960）　●大日本製薬、サリドマイド系薬剤の出荷停止（1962）　●雑誌「ヤングジャンプ」創刊（1979）　●男女雇用機会均等法が成立（1985）

May
5月
18

【天気予報ダイヤル「177」は「いい天気 なれ なれ」から来ている】

1995年5月18日、天気予報が自由化され、気象予報士による民間天気予報が始まりました。

最年少気象予報士

☆この前年、1994年8月に第1回「気象予報士」の試験が始まっていますが、翌年の1995年に初の高校生気象予報士が誕生しています。その高校生、奥村政佳(まさよし)さんは、現在アカペラグループ「RAG FAIR」のボイスパーカッションのオックンです。現時点で最年少合格者は2009年3月に13歳7カ月で合格した男の子です。

元祖気象専門家はあの人

☆世界初の気象専門書は古代ギリシャで紀元前350年頃に書かれた「気象論」という本なのですが、この著者は哲学者のアリストテレスです。哲学は全ての自然が生み出す物、森羅万象を理解しなくてはいけないということから気象に関しても研究していたそうです。

あなたは読める？　霧・靄・霞

☆読み方が紛らわしいこの3つ、正解は「霧(きり)」「靄(もや)」「霞(かすみ)」です。それぞれの違いは明確に数値などで決まっています。

☆水蒸気のために視界が悪くなった際、1キロ以内が見える状態が「霧」で、1キロ以上先が見えなくなった状態を「靄」と呼びます。では「霞」は何かというと、実はこれは気象用語ではありません。水蒸気だけでなく、砂ぼこりや色々な原因で風景がぼやけて見える状態全般を指す言葉です。

☆俳句では濃さは関係なく「きり」は秋の季語で、「かすみ」は春の季語です。さらに春の夜にぼやけている場合は「朧(おぼろ)」と呼びます。

雨の降り方で変わる言い方

☆「ひととき雨」と「ときどき雨」では「ときどき雨」の方が降水確率は高くなります。「ひととき雨」は、予報期間の4分の1未満降り続く雨で「ときどき雨」は、予報期間の4分の1以上、2分の1未満降り続く雨、もしくは降ったり止んだりする雨の合計時間が2分の1未満の状態を表します。つまり4時間の天気予報なら「ひととき雨」は1時間未満、「ときどき雨」は1時間以上2時間未満ということになります。

177の最初の利用者

☆現在、天気予報は177ですが、明治時代、電話が開通した時にこの番号を使っていたのは大隈重信さんでした。

　単純に申し込みした番号だったのですが、もし何かのキッカケで明治時代にタイムスリップして、何かのキッカケで天気予報を聞きたくなってこの番号にかけても、大隈さんが出るだけですのでお気を付け下さい。

☆ちなみに、現在177が天気予報の番号になったのは「いい天気、なれ、なれ」の語呂合わせから来ているそうです。

きょうは何の日!?

●国際親善デー、ことばの日　●ブラム・ストーカーの小説『ドラキュラ』発刊(1897)　●社会民主党が結成(1901)　●阿部定事件(1936)　●インドが初の地下核実験(1974)　●敦賀市の高速増殖炉もんじゅ試運転開始(1991)　●気象予報士の民間天気予報はじまる(1995)

May
5月
19

【酸素の割合が1％減るだけで陸上生物のほとんどは絶滅する!?】

1910年5月19日、ハレー彗星が地球に最接近するということから、「地球に衝突する」「酸素がなくなる」などのデマでパニックが起きました。

すべての根源？

☆「酸素」という言葉はフランス語の「オキシジェーヌ（oxygene）」が元になっています。これは「酸の素」という意味で1779年にフランスの科学者ラヴォアジェが命名した物です。

硫黄・リン・炭素などが燃えるとすべて酸を生じることから「この気体がすべての根源」と考え、「酸の素」と名付けたのです。それを江戸時代末期の蘭学者・宇田川榕菴（ようあん）が直訳し、「酸素」という言葉を作りました。

ところがその後、「酸が全ての根元」というのは間違いで「水素が全ての根元」と判明してしまったのです。しかし一度付いてしまった名前なので、現在も「酸素」という名称を使い続けているのです。

酸素のバランス

☆地球の大気中の酸素の割合は21％です。実はこの数値は、すごく絶妙なバランスで成り立っています。

☆たとえば、これが1％増えて22％になると、火事の発生率が70％増大すると言われます。酸素が濃くなると発火しやすいのですが、これが24％に達すると、地球上のどこかで火を点けた瞬間、地球が全部炎に包まれて燃え尽きてしまうと言われています。

☆逆に酸素が1％少なくなると、陸上の生物のほとんどが生きて行けなくなるのではないかと言われます。そのぐらい絶妙な割合なのです。

高濃度酸素の効能

☆スポーツ関係では高濃度の酸素を吸入する「酸素カプセル」が一時、話題になりました。高濃度酸素を吸引すると体内で活性酸素が増えてリラクゼーション効果やダイエット効果があるということでした。しかし、過剰に高濃度酸素を摂取すると、心肺機能に悪影響が出たり、女性の場合はシミができる原因になります。あくまでも激しい運動をした直後に体のリズムを取り戻すために吸引する程度にした方がいいのです。

通常の場合は深呼吸を数回繰り返すだけで高濃度酸素を吸ったのと同じ効果が得られます。

世界初の空気の缶詰

☆70年代にジョーク商品として「空気の缶詰」が販売されていました。元祖は「秀峰富士山の空気の缶詰」で、今でも富士山5合目で販売されていますが、世界初の空気の缶詰だったそうです。これを最初に考案発売したのは、何故かブロマイドで有名なマルベル堂です。それを真似て九州の交通公社が「阿蘇の煙の缶詰」を発売しましたが、公正取引委員会のクレームで発売中止になっています。理由は、阿蘇から出ているのは煙ではなく水蒸気のため、不当表示だったからです。

きょうは何の日!?

●福岡県直方市に隕石が落下、世界最古の目撃記録のある隕石（861） ●京都法政学校（後の立命館大学）が創設（1990） ●ハレー彗星が地球に最接近（1910） ●白井義男が日本初のボクシング世界王者に（1952） ●16歳の貴花田が幕下優勝（1989）

May
5月
20

「翼よ、あれがパリの灯だ」というセリフはウソ

1927年5月20日午前7時55分、米国のチャールズ・リンドバーグが大西洋無着陸単独飛行でニューヨークを出発し、翌日午後10時24分パリに到着。33時間30分の連続飛行に成功しました。

初めての人じゃない？

☆よく勘違いで、リンドバーグが世界初の大西洋無着陸横断に成功したと思われていますが、リンドバーグは「たった1人で飛行を成功させた第1号」です。2人以上の飛行士が乗った無着陸飛行は8年ほど前から何度も行われています。

無茶な冒険をした理由

☆実はリンドバーグは冒険家ではなく、「大西洋無着陸単独飛行」を敢行した理由は、ニューヨークのホテル経営者で実業家だったレイモンド・オルティーグが出した「これができたら2万5千ドル！」という賞金が目当てでした。

法律に名を残す悲劇

☆リンドバーグはアメリカの法律にも名前を残しています。単独飛行に成功し、名声と富を得たリンドバーグは、幼い息子を身代金目的で誘拐され、殺害されています。

　この事件は複数の州にまたがっていたことから、アメリカの州警察による管轄の関係で、捜査が複雑になってしまいました。その反省から連邦捜査局が一括して取り締まることの出来る法律「リンドバーグ法」が作られたのです。

☆この誘拐事件を基にして書かれた小説がアガサ・クリスティの推理小説「オリエント急行殺人事件」です。誘拐事件は1932年に起こり、小説が発表されたのが1934年です。

「ここはパリですか？」

☆リンドバーグが大西洋無着陸単独飛行でパリに着いたのは夜10時、真っ暗闇を飛行しながら、「翼よ、あれがパリの灯だ」と機上で叫んだというのは後の脚色です。実は、フランスパリに着陸して歓迎で集まった人々に向かっての第一声は、「誰か英語の話せる方はいませんか？」でした。

☆そして英語が理解できる人間を見つけて最初に言った言葉は、「ここはパリですか？」という間の抜けたものだったそうです。当時はGPSなども無く、暗闇の中、自分がどこに到着したのか不明だったのです。

☆そして自分がパリに着いたと確認できた後のセリフは、「トイレはどこですか？」。

その後のリンドバーグ

☆晩年は発明家を育てるプロジェクト、エジソン資金に協力するようになりました。

☆さらに、フランスの医学者アレクシス・カレルにも資金提供し、その結果「血管縫合技術」「組織培養の研究」「人工心臓の研究」という成果を生み出しています。

きょうは何の日!?

●ローマ字の日　●鎌倉大地震、推定M7（1293）　●味の素が発売（1909）　●大阪初の地下鉄開業（1933）　●ロックブームのきっかけ「Rock Around The Clock」リリース（1954）　●新東京国際空港（成田空港）開港（1978）　●ウィキペディア日本語版が開設（2001）

May
5月
21

【北原白秋や南方熊楠の能力は砂糖をなめていたおかげ】

1982年5月21日、佐野元春がシングル「SUGAR TIME」をリリースしました。

脳の栄養源

☆糖分は脳の働きを活性化させるパワーを持っているので、集中力を高めたい時には飴などで補給するのがお勧め。かの養老孟司さんは会議の最中、チョコレートをずっと囓っていることもあるそうです。

俺に食べさせろ！

☆「ちゃっきり節」などの作詞でおなじみの北原白秋さんは仕事中、「こうすると頭の回転がよくなる」と砂糖をなめていたそうです。しかも甘い物には目が無かったらしく、それに関する詩も残しています。「俺にカステラを自由にさせろ／俺にシュークリームを食べさせろ／俺はビールを飲みたいんだ」

毎日1杯頭脳活性法

☆博物学者で「知の巨人」と呼ばれる南方熊楠も砂糖が大好きで、13歳の頃から毎日、盃1杯の砂糖をなめるのが日課になっていたそうです。と言っても摂りすぎるともちろん体に悪く、さらに味覚が麻痺してしまうこともあるそうなので、何事も適度に…が大切です。

食事以外の活用法？

☆砂糖を車のガソリンに混ぜると、古い型のエンジンだと焼き付いて走らなくなります。昭和41年3月、松下幸之助さんが乗った車のガソリンタンクに砂糖を入れて連絡できない所で立往生させ、連絡が取れなくなったタイミングで「松下幸之助事故死！」というデマのニュースを流して、株価暴落を狙った陰謀もあったそうです。またコンクリートに適量の砂糖を入れると固まらなくなります。

砂糖を入れると辛くなる？

☆砂糖を使った裏技で「ワサビに砂糖を入れると辛さが増す」というのがあります。ワサビに含まれる苦味を砂糖が打ち消すことで、純粋に辛さを感じることができるというのが理由です。

ただし時間が経つと普通の辛さに戻り、さらに時間が経つと砂糖の甘味が強調されてしまうので要注意です。

☆納豆に砂糖を入れると粘りが増します。これは砂糖が納豆の水分を吸い取ってしまうからなのですが、粘りが強すぎてそのまま納豆の塊が全部箸で持ち上げられそうな状態になります。極少量の砂糖でそのようになります。

ゆらゆら見える現象

☆紅茶に砂糖を入れた時に、砂糖が溶けたところがゆらゆら揺れて見える現象がありますが、これにはちゃんと名前が付けられていて「シュリーレン現象」と言います。シュリーレンとはドイツ語で「むら」を意味する言葉です。

きょうは何の日!?

●紀貫之たちが「古今和歌集」を撰進（905）　●国際サッカー連盟（FIFA）創立（1904）
●「八つ墓村」などのモデルになった津山事件（1938）　●ソニーが携帯用生録カセットレコーダー「カセットデンスケ」発売（1973）　●日本で裁判員制度開始（2009）

May
5月
22

芸術家ダリがデザインした有名なお菓子とは？

1815年5月22日は、江戸時代末期から明治時代にかけての漢方医だった浅田宗伯（そうはく）の誕生日です。

大正天皇のために考案された飴

☆浅田宗伯とは浅田飴の考案者です。明治時代に皇太子だった大正天皇が病弱だったことから、水飴に漢方薬を練り込んだものを考案しています。最初は水飴状で「御薬さらし水飴」でしたが、後に「浅田飴」となっています。

ザビエルのお土産

☆日本にキャンディを持ち込んだのは戦国時代の宣教師です。ザビエルも演説をする際に人集めでキャンディを配っていました。ところがその噂を聞きつけて大勢の子供が集まってしまいパニックになってしまったそうです。その後は楽器演奏などで人を集める作戦に変更しました。

2種類のサクマ

☆昔からある飴のひとつにアニメ「火垂るの墓」にも出てくる「サクマ式ドロップ」があります。よく見ると赤缶と緑缶の2種類ありますが、実は別々の会社の商品です。赤缶は「サクマ式ドロップ」で製造販売は漢字で書く佐久間製菓。緑缶は「サクマドロップ」と片仮名で書くサクマ製菓の商品です。

　この会社、戦時中に砂糖の配給が無くなりいったん解散しています。終戦後、社長の息子さんが興した会社が漢字の佐久間製菓、ほぼ同時期に戦前に勤めていた番頭さんが興した会社が片仮名のサクマ製菓だったのです。複雑な事情はありましたが、現在は共に昔ながらのドロップを販売しています。

チュッパチャップス秘話

☆棒付きキャンディ「チュッパチャプス」は1977年から日本で発売されていますが、あの包み紙をデザインしたのはスペインが誇る芸術家サルバトール・ダリです。国民的芸術家にデザインして欲しいと思った社長が食事に誘い出し「実は…」と切り出したところ、ダリは「いいよ」と二つ返事でその場にあったナプキンにササッと書き上げました。そのデザインが現在も使われているアレなのです。

☆現在ヨーロッパで「チュッパチャプスをいつもくわえている日本人」として有名なのは、アニメ「ルパン三世」の次元大介と「ワンピース」の料理人サンジです。

　オリジナルではいつも煙草をくわえている二人ですが、西洋では子供が見るアニメに「煙草は出しちゃダメ」というルールがあるため、輸出版では書き換えられているのです。

「飴とムチ」。海外では？

☆ちなみに「飴とムチ」という言葉がありますが、西洋では「carrot and stick（ニンジンと棒）」となります。これはロバを動かす時の話で、食べ物で釣るか、棒でムリヤリ動かすかということです。

きょうは何の日!?

●戸籍法公布（1871）　●エジソンが活動写真を公開（1891）　●第一次吉田茂内閣（1946）　●セイロンがスリランカに改称（1972）　●ゲーム「パックマン」登場（1980）　●「Windows 3.0」リリース（1990）　●小泉純一郎首相が北朝鮮を訪問（2004）

May
5月
23

【映画にエッチな場面を持ち込んだのは発明王・エジソン】

1946年5月23日、日本初のキスシーンが登場する映画「はたちの青春」公開。主演は幾野通子と大坂志郎。

民主化のために利用？

☆この映画、元の脚本にはキスシーンはなかったのですが、GHQの命令で撮影直前にキスシーンを入れることになりました。理由は、映画や演劇などを通じて、日本社会のアメリカ的民主化を促すためということでした。

不評だったキス映画

☆一般公開された映画の中で一番最初にキスをしたのはメイ・アーウィンとジョン・C・ライス。1896年の「未亡人ジョーンズ」という芝居のキスシーンだけを再現した作品「キス」です。今見るとどうってことない作品ですが、スクリーンで拡大されたキスシーンは生々しすぎてひんしゅくを買いました。実は、この映画を作ったのは発明王エジソンです。

フレンチ＝下品

☆「フレンチキス」を軽いキスのことだと思い込んでいる人がいますが、全く逆のディープキスのことを意味しています。
　元はイギリス人が悪意をもって「下品なキス」という意味で言い出した悪口です。

キスを日本語でいうと何？

☆江戸時代の人々はキスのことを「呂の字」と呼んでいました。江戸時代末期、1814（文化11）年発行の日本初の英和辞典「諳厄利亜語林大成（あんげりあごりんたいせい）」には「kiss（相呂）」と載っています。日本にはあまり習慣のなかったキスを「接吻」と訳したのは、江戸時代に16年間日本に滞在したオランダ人。「口づけ」と訳したのは、明治時代の翻訳家の上田敏です。

国によって違う表し方

☆キスを表現する時、日本ではチュッと言いますが、これは国によって全然違います。例えばスウェーデンではプッス、ミヤンマーではピュッ、クロアチアではプサ、そしてスペインではムアとなります。

キスまみれの映画

☆これまでの映画で最も多くキスシーンが出ていた映画は、1926年に作られた「ドン・ファン」という作品。上映時間2時間47分、167分の中で主役のドン・ファンは191回キスをしています。つまり、1分に1回以上している計算になります。

小百合さんのエピソード

☆1970年代頃までは女優さんでもキスシーンで泣き出してしまったなどのエピソードがあります。吉永小百合さんもファーストキスは映画のお仕事だったそうで、15歳の小百合さんは撮影前日に「女優を辞める」と言い出したそうです。実はそのファーストキスの相手役は三木のり平さんでした。

きょうは何の日!?

●火葬を禁止した太政官布告を廃止（1875）　●東京フィルハーモニーが初演奏会（1915）
●ボニー&クライドが射殺（1934）　●昭和新山の噴火始まる（1944）　●チリ地震（1960）
●初の公害白書（1969）　●黒澤明「影武者」カンヌ国際映画祭でグランプリ（1980）

May
5月
24

【日本人初のゴルフプレイヤーは わらじをはいた無名の少年たち】

　1903年5月24日、日本初のゴルフクラブ「神戸ゴルフ倶楽部」が開場しました。

日本のゴルフ史は六甲から

☆日本初のゴルフ場を作ったのは日本人ではなく、イギリス人の貿易商人アーサー・ヘスケス・グルーム。六甲山の山頂に、余暇を楽しむために友人と協力して手作りのゴルフ場を作りました。

日本最初のキャディさん

☆「神戸ゴルフ倶楽部」は日本最古のゴルフクラブとして今も運営が続いています。最初は4番ホールだけのプライベートホールで、プレイしたのも外国人ばかりでした。芝が調達できなかったことから、最初は山肌に砂をまいて固めたサンドグリーンという特殊なものでした。

☆当初ここは仲間の外国人しかプレイできませんでしたが、キャディは日本人でした。そのキャディは脚絆にわらじをはき、手ぬぐい鉢巻きをした近所に住む少年たちで、当時は「玉ひろい」と呼ばれていました。

☆この少年たちは、お客さんのいない時に練習をすることを許可されていたそうで、恐らく日本人で最初にゴルフをしたのはこの少年たちではないかと思われます。

日本初の女性ゴルファーはピアニスト

☆ここで初めて公式にプレイした日本人は、オープンから2年後の1905（明治38）年にプレイした貿易商・小倉庄太郎さんとその妹の末子さんです。

　小倉末子さんはこの時12歳で日本女性初のゴルファーとなったのですが、小倉家には当時まだ珍しいピアノがあったことから、その後音楽留学をしています。そしてピアニストとして世界を公演旅行をした日本人女性初のプロピアニストにもなった方です。

戦時中でもゴルフをやりたい！

☆戦前の日本でもゴルフは盛んになっていったのですが、第二次世界大戦中にゴルフ場を作っていた所があります。それが伊豆の名門・川奈ホテルで、現在もフジサンケイクラシックが開催されるコースです。

☆軍部に内緒でゴルフ場を造っていたのですが、「けしからん」とある時、東條英機が視察に来ました。その時、大慌てで近隣農家から牛を大量に集め、「これは牧場です」とごまかしたそうです。

世界一高い場所のゴルフ場

☆世界で一番高い場所でゴルフをしたのはアラン・シェパードで、その場所は月面。彼はアポロ14号の船長です。

☆その時、「バンカーショットをやるよ」と発言して実際に打ったのですが、使ったのはバンカー用のサンドウェッジではなく6番アイアンでした。

きょうは何の日!?

●「古今和歌集」の編纂はじまる（905）　●「メリーさんのひつじ」発表（1830）　●モールス信号が公開（1844）　●NYブルックリン橋が開通（1883）　●年齢表示・満年齢に一本化（1949）　●建築基準法、建築士法公布（1950）　●売春防止法公布（1956）

May
5月
25

【ロシア名物・マトリョーシカは箱根の寄木細工から生まれた】

864年5月25日、富士山噴火で陥没した足利路の代わりに、箱根路が開通しました。

昔は「函根」

☆864年の富士山噴火は記録に残っている中で最大の噴火とされています。その時まで東海道のルートは足柄山を経由して御殿場に降りる道でしたが、大量の火山灰で通行不能となり、現在の箱根路ルートが開発されたのです。

☆現在は「箱」の文字を使っていますが、大昔は「函根」と書いていました。この函根の南側にある地域は現在、「函南(かんなみ)」となっています。

ロシア名物のヒントに

☆箱根土産に寄せ木細工「箱根細工」があります。江戸時代末期「七福神」という入れ子細工が考案されました。ダルマ状の布袋様を途中からカパッと半分に割ると中から少し小さい毘沙門様が出てきて、さらにそれを半分にすると中から少し小さい人形が出てきて…七福神が揃うという物です。

実はこれを明治時代末期にロシア人修道士が自国に持ち帰って、ロシア名物マトリョーシカが誕生しています。

☆江戸時代から「けん玉」はありましたが、当時は大名などが遊ぶ程度で一般庶民にはあまり縁がありませんでした。

ところが明治40年に箱根土産として売り出されたことがキッカケとなり、広く一般に知られるようになっています。

箱根の宿は特別

☆箱根は昔から東海道の難所として知られ、明るいうちに箱根越えをしていました。しかし箱根には江戸時代から温泉宿がありました。無理に箱根を一日で越えずに一泊すればいいと思うのですが、東海道五十三次には箱根の宿がありません。実はこれは、箱根の前後にある三島と小田原の宿の経営を守るための措置なのです。

☆江戸時代初期の1618年に温泉地として箱根宿が作られ、江戸庶民にとっては関所を越えないので通行手形が無くても利用できる温泉地として賑わっていたそうです。しかし幕府は、それ以前からあった三島と小田原の宿の利益を守るため、「箱根宿に泊まることができるのは大名行列と江戸からの湯治客のみ」というおふれを出しました。そのため東海道の旅人は、箱根を無理して越える前に三島や小田原で一泊することになり、宿場町として栄えたのです。

電柱が次第に高くなる!?

☆明治時代、電線を箱根に通すことになった時、三島から箱根までの山道に電柱を立てるのが大変という理由から、道路脇の杉並木に横板を取り付け、そのまま電線を渡したことがありました。

しかし、杉がそのまま成長して数十mの高さになり大変なことになってしまったそうです。それらの杉を使った電柱は大正14年の暴風と、昭和5年の地震でほとんどが倒れてしまいました。

きょうは何の日!?

●ハレー彗星、最古の記録（紀元前240）　●大阪夏の陣（1615）　●人名用漢字別表93字が発表（1951）　●「広辞苑」初版刊行（1955）　●有楽町そごう開店（1957）　●女性誌「non・no」創刊（1971）　●映画「スター・ウォーズ」アメリカで公開（1977）

KEYWORD／**ジェームズ・ボンド**

May
5月
26

【歴代のジェームズ・ボンドは今の条件では不採用となる】

1908年5月26日、作家イアン・フレミングがイギリスに誕生しています

他人の名を騙っている

☆イアン・フレミングは「007」のスパイ「ジェームズ・ボンド」の作者ですが、本人も第二次世界大戦中、ドイツを相手にしたスパイとして活動していました。その時に上層部から付けられたコードネーム、いわゆるニックネームは、「くまのプーさん」でした。しかし、その名前が嫌で、勝手に尊敬していた鳥類学者の名前を名乗っていました。それがジェームズ・ボンドという名前でした。

分かる人向けのお遊び

☆実在のジェームズ・ボンドは鳥に関する学者ですが、映画「ダイ・アナザー・デイ」の中でボンドは、鳥類学者と身分を偽って行動するという「分かる人には分かる」お遊びをしています。

原作のイメージではない?

☆映画では初代ボンドはショーン・コネリーが演じていましたが、原作者イアン・フレミングは「ボンドはあんなに野暮ったくない」と大反対をしていたそうです。

世の中上手くいかない

☆しかし何作か演じているうちにショーン・コネリーのボンドが好きになり、ついにはショーン・コネリーが演じるという前提で「黄金銃を持つ男」という作品を書いています。しかし「黄金銃を持つ男」が映画化された時にボンドを演じたのは残念ながらロジャー・ムーアでした。

コネというワケではない

☆「黄金銃を持つ男」の悪役はドラキュラ映画で有名なクリストファー・リーです。彼は原作者イアン・フレミングのいとこです。

歴代ボンドは不採用

☆2004年、イギリスで「情報局保安部（MI−5）職員採用の基準」が発表されました。それによると「男は身長180㎝、女は173㎝を上回らない」となっています。この数字によると歴代のボンドが不採用となります。ショーン・コネリーの身長が189㎝で一番高く、もっとも低いのはロジャー・ムーアの185㎝でした。

そのこともあって2005年に決定した6代目ボンド、ダニエル・クレイグは身長178㎝と条件を満たしています。ちなみに原作の中でボンドは身長183㎝、体重76kgとなっています。

少しふくよかなボンドの手

☆「007ロシアより愛をこめて」のポスターは、オリジナルがいまいちインパクトがないということで、本国版に日本独自の編集を加えています。その時、勝手にボンドがピストルを持った手を合成したのですが、その手、実は当時映画会社の広報部にいた水野晴郎さんの手です。

きょうは何の日!?

●日本最古の地震の記録（599）　●第1回ル・マン24時間レース（1923）　●1964年のオリンピックが東京に決定（1959）　●ビートルズ「SGT.Perrer's Lonely Hearts Club Band」発表（1967）　●東名高速道路が全線開通（1969）　●女性向け情報誌「Hanako」創刊（1988）

May
5月
27

【ピッグは英語でポークはフランス語】

　1933年5月27日、ディズニー映画「三匹の子ぶた」がアメリカで公開されました。

ブタとイノシシの違い？

☆ブタは野生だったイノシシを人間が飼育して誕生させた動物で、野生のブタは存在しません。イノシシからブタに変化したのは約9000年ほど前らしいのですが、ハッキリしていません。というのもブタとイノシシの骨格自体はほとんど変化していないので、遺跡から発掘される骨はどちらなのかが不明なのです。

漢字から分かるブタの進化

☆豚は漢字では月十豕と書きます。実はこの家からウ冠をはずした文字は、もともとイノシシを意味していた漢字です。つまり家という漢字はイノシシを屋根の下で飼育している様子を表しているのです。古代、イノシシの子供はペットとして飼われていて、人間と寝起きを共にしていたのではないかと言われています。

ブタの語源

☆日本語としてのブタという名前は「太い」という言葉と、鳴き声が元になっていると言われています。

ピッグとポークの区別

☆英語ではピッグ（pig）ですが、アメリカでは子豚がピッグ、大きくなったブタはホッグ（hog）と区別して呼ばれることが多いのです。そして食べる時はポークになります。

☆ポークとピックの使い分けはイギリスとフランスの歴史が関係しています。フランス語ではブタのことをポルク（porc）と呼んでいました。1066年にフランス軍がロンドンを攻め落としたことがあり、その時に豚肉料理に対してイギリスで使われていたピッグという言葉が品がないとして、フランス語で呼ぶように指示しました。その時に豚肉料理をポルクと呼ぶようになり、変化してポークという言葉が誕生したのです。

　しかし豚を飼っている農民には関係ないことだったので、生き物としての豚はピッグのまま残り、食べ物としての豚はポークと区別するようになったのです。

☆同様に、牛は英語でカウですが、食べる時はフランス語のブフが変化したビーフと呼びます。

空飛ぶ豚

☆イギリスのロックバンド、ピンクフロイドが1977年にアルバム「アニマルズ」を発表した時、宣伝用に巨大なピンク色の豚のヘリウム風船を上げました。しかしロープが切れてピンクの豚風船はロンドンの空を自由に飛び始めてしまったのです。

　通りかかった飛行機のパイロットはビックリして自分が目撃したものを管制官に「ピンクの豚が空を飛んでいます！」と報告したのですが、「お前、何を寝ぼけているんだ？」と笑われただけでした。

きょうは何の日!?

●将軍徳川吉宗が象と対面（1729）　●柔術の名称が柔道へ（1926）　●オイルショックでガソリンスタンドが日祝日全面休業に（1979）　●ゲームソフト「ドラゴンクエスト」が発売（1986）　●小錦が外国人力士初の大関昇進（1987）　●神戸で酒鬼薔薇聖斗事件（1997）

May
5月
28

【日本初の屋内プールでは全裸水泳があたり前だった】

1742年5月28日、世界初の屋内プールがロンドンで開設されました。

温水プールではアレが禁止？

☆日本初の屋内プールは大正6年（1917）に東京のYMCA学校に造られた温水プールです。しかし、この日本初の温水プールにはとんでもないルールがありました。一般的に水泳帽を着用するというルールがありますが、このYMCA温水プールは水質維持のために水着の着用が禁止されていたそうです。つまり全裸水泳です。

　そうなるとほとんど温泉という感じですが、戦後もしばらくは全裸水泳が続いたようで、どうやら資料を調べていくとアメリカのYMCA大学のプールでも全裸で泳ぐのが普通だったそうです。いつルールが変わったのかは不明です。

進化するプール

☆流れるプールを世界で最初に設置したのは1965年の豊島園（現・としまえん）。波が打ち寄せるプールを日本で最初に設置したのは1967年の八王子サマーランド（現・東京サマーランド）、ウォータースライダーを日本で最初に設置したのは船橋ヘルスセンターです。

プールのにおいには秘密がある

☆プール独特の水のにおいを「塩素のにおい」と呼びますが、実は塩素だけではあのにおいにはなりません。水に含まれた尿素と化学反応を起こしクロラミンという物質になって出るにおいなので。なぜ尿素がプールにあるのかは…。

学校プールの理由

☆学校のプールは、ほとんどが縦の長さが25m、横が16mになっています。縦25mというのは区切りがいい数字で、往復50m、2往復で100mと公式水泳競技にも対応できることからですが、横が16mというのにもちゃんと理由があります。実は学校にプールを作る際、文科省から「400平方m以下のプールに対して補助金が出る」からなのです。それ以上の分に関しては全額学校の自腹になってしまうため、補助金が出る限度が25m×16mということになるのです。

オリンピックプールの規約

☆ちなみにオリンピックで使われるプールは国際水泳連盟の規定で「水温26度／許容範囲プラスマイナス1度」と決められており25～27度になっています。

　そのためアトランタ五輪では会場となったプールに大会用に屋根を設置したり、寒い時期だったシドニー五輪ではヒーターで暖めました。バルセロナでは屋外プールだったため、冷却装置で必死に水温をキープしていました。

☆そしてオリンピックなど国際水泳大会で使用される公認プールは50mジャストに作られていません。実は計測用のタッチ盤を設置する関係で左右1cmずつ長く作られていて50m2cmなのです。

きょうは何の日!?

●曽我兄弟の仇討ち（1193）　●電柱広告が許可（1902）　●第1回全日本オープンゴルフ選手権大会（1927）　●パレスチナ解放機構（PLO）設立（1964）　●映画「戦場のメリークリスマス」公開（1983）　●日本経団連が発足（2002）　●アップル社「iPad」発売（2010）

May
5月
29

【戦時中、コンニャクは日本軍の秘密兵器だった】

5月29日は、ごーにーくーで「こんにゃくの日」です。かなり無理がありますが。

栄養のない食物？

☆コンニャクはダイエット食として有名です。ほとんどが水分で残りはマンナンというブドウ糖と果糖などが結合した多糖類です。

☆そう聞くとカロリーが高そうですが、あくまでも栄養とは胃や腸の中で分解され、ブドウ糖に変化して人体が吸収できる物です。しかしコンニャクに含まれている多糖類を分解する酵素は人間の体内に存在していません。つまり人間が吸収できる栄養素ではないので、人間にとって栄養分ゼロとなるのです。

好きなのに嫌い

☆オリンピック三大会連続で金を取った柔道の野村忠宏さんは「好きな食べ物はヒジキ、嫌いな食べ物はコンニャク」で、コンニャク嫌いの理由は「黒い粒々が気持ち悪い」からだそうです。

実はコンニャクの黒い粒々は好きな食べ物に挙げたヒジキです。大昔のコンニャクはその製造過程でどうしてもコンニャクの皮が混ざりそれが黒い粒々になっていました。最近は機械化が進み、きれいなコンニャクを作ることが可能なのですが、粒入りを見慣れている消費者に「きれいすぎるコンニャクは美味しそうに見えない」と不評でイマイチ売れないのです。そのため現在は粒々を再現するために、細かくしたヒジキを混ぜ込んでいます。

コンニャクの花は何に見える？

☆コンニャクは英語で「悪魔の舌／devil's tongue」と呼ばれます。あの食感がそう呼ばれるのかと思いがちですが、実際にはコンニャクの花からひょろっと伸びる雌花が赤紫色で「悪魔の舌」のように見えるのです。しかも花の香りが生臭く、ハエを呼び寄せます。日本ではコンニャクは球根を食べるために育てられますが、花が咲くと栄養を取られ、球根の栄養が無くなることから、6年目に花が咲くコンニャクを4年目で収穫しています。学名は「アモルフォルス・コンヤク」で、意味は「変わった形のオチンチン」です。日本ではほとんど見ることがない雌花を表した学名です。

日本の最先端技術？

☆コンニャクは戦時中に最終兵器「風船爆弾」として使われたことがあります。

和紙の表面に薄くのばしたコンニャクを塗りつけた直径10mほどのデカイ風船に爆弾を付け、それを気流に乗せアメリカまで飛ばし、運良く落下できたらアメリカ本土爆撃という呑気な兵器でした。およそ1000個の風船爆弾が飛ばされ、実際にアメリカ本土にいくつかが到達して被害も出ています。

コンニャクの存在を知らなかったアメリカでは、紙に特殊加工された謎の物質を「高度な技術で作り上げた化学兵器」だと必死に分析をしたそうです。

きょうは何の日!?

●東ローマ帝国滅亡（1453）　●東京で死者5076人におよぶコレラ発生（1882）　●「キリンビール」発売（1888）　●ペスト予防のため「裸足禁止令」（1901）　●国産初の電気機関車が試運転（1928）　●ゴジラ第1作目がアメリカで公開（1957）

May
5月
30

村上春樹は手の込んだ嘘で読者を惑わせた

2009年5月30日、村上春樹の小説「1Q84」の1・2巻が同時発表されました。半年で2冊合計、223万部を売り上げています。

海外の方が人気が高い？

☆村上春樹は現在、ノーベル文学賞に最も近い日本人と言われています。これまで数回候補に挙がり、海外でも高い評価を受け、印税収入は海外からの方が倍以上多いそうです。

ふざけた名前？

☆村上春樹は1979年に長編小説「風の歌を聴け」でデビューした時、群像新人文学賞を受賞して大注目を浴びました。しかしとある評論家から当時「限りなく透明に近いブルー」で人気作家だった村上龍と、映画業界でヒットを飛ばしていた角川春樹を足して2で割った名前で「注目を浴びたいからといってふざけた名前だ」と文句を言われたそうです。でも実際は「村上春樹」が本名なのでどうしようもないのです。

謎の作家デレク・ハートフィールド

☆デビュー作「風の歌を聴け」の中で、自分に対して多大な影響を与えた作家としてアメリカ人作家「デレク・ハートフィールド」の名前を挙げています。日本ではまだ翻訳をされていないマニアックな作家ですが、代表作として「星の井戸」「虹のまわりを一周半」などがあると書かれています。そしてあとがきに代える形で、彼と自分に関係するエピソードをいろいろと綴っています。

☆日本ではまったく無名のデレク・ハートフィールドという作家が紹介されたことで、村上春樹ファンはこの作家のことを、まだインターネットなどが無かった時代なので図書館や洋書専門店などで必死に調べました。ファン同士の交流会でも情報交換をし続けたのですが、その作家の情報は一切見つけることができませんでした。ファンの間でも「デレク・ハートフィールドというのは村上春樹が遊びで作り上げた架空の人物なのでは？」と思われ始めていたのですが、ある時、翻訳家・青山南が著作「ピーターとペーターの狭間で」の中でデレク・ハートフィールドを紹介しているということが分かり、さらにファンは必死になっていったのです。

☆実はデレク・ハートフィールドという人物、村上春樹によって設定された架空の人物で、青山南は村上春樹の友人だったことから、その冗談に付き合ってさらに信憑性のある話に仕立てたのです。そういう遊び心も村上春樹の魅力の一つなのです。

とにかく真面目

☆ちなみに村上春樹は原稿の締切を常に守ることで有名です。2年間の連載中、原稿を締切前に郵送するため、一度も担当編集者と顔を合わせないこともあるそうです。

きょうは何の日!?

●空海が高野山金剛峰寺の開創(819) ●ジャンヌ・ダルクが火刑(1431) ●第1回インディ500レース開催(1911) ●日本赤軍のテルアビブ空港銃乱射事件(1972) ●YMOアメリカデビュー(1979) ●六四天安門事件(1989) ●ネット掲示板「2ちゃんねる」開設(1999)

May
5月
31

【キンコンカンコ〜ンのチャイムはヘンデルが作曲した】

　1859年5月31日は、ロンドンのビッグベンに鐘が設置された日です。

☆イギリス・ロンドンには「ビッグベン」と呼ばれるウェストミンスター宮殿にある時計台があります。正式名称は「クロックタワー」で、2012年に女王在位60周年を記念して「エリザベス・タワー」に改称されています。

太っちょベンジャミン

☆1859年以前にあった時計台は火事で焼失してしまい、建て直しを担当したのが政治家のベンジャミン・ホールという人物でした。この人物は国会で「名称はヴィクトリアの鐘がいい」と主張していました。そのベンジャミンさんは体が大きくあだ名が「ビッグベン」だったのです。

　そこから周囲の人が「時計台に取り付けられる13.5トンもある巨大な鐘はヤツそっくりじゃないか」ということで、いつしか鐘の名前がビッグベンと言われ、現在はそれが正式名称のようになっているのです。

1700年代からおなじみ

☆ビッグベンでは毎日正午になると、日本人にもおなじみの「キンコンカンコ〜ン♪（ミドレソ、ソレミド）」というチャイムが鳴らされます。このメロディの作曲者はヘンデルです。もともとは、「メサイア」という作品の一部に使われていたメロディで、それを最初1700年代にケンブリッジにある教会で使うようになり、それがロンドンのウェストミンスター宮殿でも採用されて、今に至っているのです。

日本の学校でも定番に

☆これが日本の学校などで採用されたのは戦後のことです。1950年代まで学校の授業を知らせる時はベルやサイレンでしたが、東京都大森の中学校教師が「うるさいので何とかしたい」と考えました。

　その時、「戦時中にニュース映画で聞いたビッグベンの鐘の音色がきれいだった」と友人が言い出したことからそれを採用したところ、評判がよく、他の学校もそれを真似して、いつの間にか日本中に広がっていったのです。ですから、あのメロディを聴いて学校のチャイムを思い出すのは日本人だけなのです。

苦難続きのビッグベン

☆ちなみに本日は「ビッグベンに鐘が設置された日」ですが、この時に鐘は鳴らされていません。実は初代の鐘は完成直前に大きなヒビが入って鳴らすと崩壊する危険があったので、1度も鳴らさず、同年7月11日に2代目の鐘を取り付けた時に初めて鳴らしています。しかし、その鐘も2カ月でヒビが入り、その後3年間鐘を鳴らさず、3年後に修復した2代目の鐘を180度向きを変えてヒビが入っていない所を叩いて今に至っています。このヒビを直したお陰で、他の鐘とは微妙に違う音色が出ているのだそうです。

きょうは何の日!?

●パリに現存最古の橋・ポンヌフ起工（1578）　●両国国技館が完成（1909）　●豪華客船タイタニック進水式（1911）　●第1回東京国際映画祭開催（1985）　●森重久弥『屋根の上のヴァイオリン弾き』900回で幕（1986）　●青島東京都知事が「都市博」の中止決定（1995）

雑学王 知泉の

日めくりうんちく劇場

雑学カレンダー

6月編

やベッ
「虞美人草」を
書き終えたけど
虞美人草が
どこにも
出てこねェよ
さてどこに
入れようか
ニャーッ

ヨタ盛り

June
6月
1

【農機具メーカー「ヤンマー」の社名はトンボから取った】

1959年6月1日（月）に、「ヤン坊マー坊天気予報」の放送が始まりました。

民放TV史のはじめから

☆多くの人にとって物心ついた頃から放送されているこの天気予報ですが、民放TV放送の始まりが1953年なので、TV史のかなり早い段階から始まって現在まで続いているということになり、まさに天気予報の老舗と言えます。

現在も放送されているCMシリーズとしては一番古いのが1958年に始まった桃屋のアニメCMで、「ヤン坊マー坊天気予報」は二番目に古い作品です。当然、最初は白黒でした。

2局にまたがり放送中

☆今も夕方のニュース番組の中で放送が続いている「ヤン坊マー坊天気予報」ですが、岩手県・静岡県・山陰地方・岡山県・香川県では2つの局で放送されています。といっても同じ日に別の局で放送しないように、A局では月・火曜、B局は水・木曜などと分けて放送されています。

作者は19歳の青年

☆ヤン坊マー坊はそっくりな双子という設定ですが、このキャラクターを考案したのは中邨靖夫（なかむらやすお）さんというイラストレーターの方です。実は最初にヤン坊マー坊が放送され始めた時はまだ19歳の新人イラストレーターで、異例の大抜擢だったのです。そしてそれから50年間、ずっとこのCMに関わり続けているそうです。

作曲者はあの曲の作者

☆そしてテーマ曲を作詞したのは当時ヤンマーの宣伝部長だった能勢英男さんで、作曲はプロの作曲家・米山正夫さんです。米山正夫さんは美空ひばりさんの「りんご追分け」や水前寺清子さんの「365歩のマーチ」のヒットでも知られる方です。

二人の見分け方は？

☆そっくりな二人の見分け方ですが、耳に掛かる髪の毛が少し前に出て、後ろ髪も跳ねているのがヤン坊、キチッと整っているのがマー坊です。髪型がワイルドでヤンチャなヤン坊、真面目なマー坊、と覚えて下さい。ちなみに二人の年齢ですが、永遠の少年ということで年齢設定はないそうです。

最初はトンボを社名に考えていた

☆ヤンマーは農機具メーカーです。「農家の皆さんは何よりも明日の天気を知りたいに違いない」ということでこのCMを企画し、今も続けています。

会社を興した時に「トンボが多い年は豊作」という話からトンボを社名にしようと考えたのですが、その名前の文具メーカーが既にあったことから、トンボの中で一番強いオニヤンマから社名を考えています。

きょうは何の日!?

●写真の日、ネジの日、麦茶の日、ガムの日　●東京気象台設置（1875）　●日本初の天気予報（1884）　●日比谷公園が開園（1903）　●ベートーヴェンの交響曲第九番が日本初演　●アルミ製の一円硬貨発行（1955）　●道路交通法の改正・初心者マーク登場（1972）

June
6月
2

【雨が1滴も降っていないのに雨模様!?】

1953年6月2日にイギリスでエリザベス2世の戴冠式が開催されました。

晴れの特異日なのに雨

☆6月2日はイギリスで「毎年この日は、雨が降らない」といわれる特異日で、その日を選んで戴冠式が行われました。しかし残念ながら当日は雨でした。

オリンピック開催日が体育の日に

☆日本では雨の降らない特異日は10月10日と言われてきました。そこで1964年の東京オリンピックの開会日もそれによって決められ、実際に晴れ渡っていました。その日はその翌年から「体育の日」となりました。

天気のプロでも予報は困難

☆天気のプロフェッショナルである中央気象台（現・気象庁）が開催した第一回運動会は雨でした。さらに気象台主催の運動会で3年連続雨が降ったという不名誉な記録もあります。

雨が全く降らない場所は?

☆地球上で最も雨が降らない場所はチリのアタカマ砂漠です。ここでは観測が行われはじめた150年ほど前から現在に至るまで、一滴の雨も観測されていません。さらに、それ以前の記録でも雨の記録は一切無いそうです。

雨模様の時は、傘は不要

☆「雨模様」という言葉を「雨が降っている状態」として使う方も多いと思いますが、本来は「雨模様」は「どんよりと曇っていて今にも降りそうな天気」を指す言葉です。雨が降っている時に使う言葉ではありません。

動物の天気予想

☆昔から言われている雨予報では「ツバメが低く飛ぶと雨が降る」というのがあります。ツバメは空気中の水分が多くなるとエサである昆虫が地面近くに集まることを知っていて低空飛行を始めます。他に「猫が顔を洗うと雨が降る」というのもありますが、理由は明確には判明していません。毛に水分が集まるためではないかと言われています。

☆北原白秋の作詞した「ちゃっきり節」では「キャール（カエル）が鳴くから雨ずらよ♪」と歌われています。取材で静岡を訪れた白秋が芸者が語っていた言葉をそのまま歌詞に使ったものです。

実はアマガエルは気圧の変化に敏感で、空気中の湿度上昇で鳴き始めます。その結果、アマガエルが一斉に鳴き始めてから数時間以内に雨が降った確率が70%という報告もあるそうです。

ずぶ濡れを漢字で書くと

☆雨に降られた場合「ずぶ濡れ」と表現します。ずぶを漢字で書くと「十分」となります。つまり、ずぶ＝十分＝100%と言う意味。「ずぶの素人」の場合も全くの素人、100%素人なのです。

江戸時代、徹底的に嫌いな相手を「ずぶ嫌い」などと言っています。

きょうは何の日!?

●菅原道真「類聚国史」撰進（892）　●日本初のタブロイド版「東京曙新聞」創刊（1875）　●日本初のパイプオルガンを日本楽器が製作（1932）　●イギリスの女王エリザベス2世戴冠式（1953）　●衆議院・死んだふり解散（1986）　●竹下内閣が総辞職（1989）

June
6月
3

「カールおじさん」の年齢は40歳らしい

1853年6月3日、森田フミさんが誕生しました。

すごく長寿で元気なおばあちゃん

☆森田フミさんは別名「ヒーヒーおばあちゃん」として、湖池屋の辛いスナック菓子「カラムーチョ」のパッケージに登場する二人組のおばあちゃんキャラクターの一人です。フミさんが生まれた日は、アメリカ海軍の軍人・ペリーが黒船で浦賀に来航した日でもあります。

☆もう一人のおばあちゃんは、「ヒー」を1回だけ言うヒーおばあちゃんこと森田トミさん。こちらは1877年3月3日生まれで、この日は政府軍と西郷隆盛軍が激突した西南戦争が起こった日です。

働き盛りのサトちゃん

☆佐藤製薬のオレンジ色の象「サトちゃん」は、1959年4月10日が誕生日で50歳を越えています。もっとも象は70歳ぐらいまで生きるので、働き盛りの象ということになります。薬局の店頭に立っていることで小さな子供から「いつも裸で可哀想」という声も上がっているそうですが「象は長寿で健康の象徴なので、裸でも風邪をひかないのです」と説明するそうです。

大長寿のビタワンくん

☆ドッグフード・ビタワンのキャラクター「ビタワンくん」は1960年4月4日生まれで50歳を越えていますが、犬の50歳はギネス記録的な長寿です。ちなみにビタワンという名前はVitality（活力）とVitamin（ビタミン）＋One（一番）と鳴き声のワンワンからなる造語です。後発のキャットフードのミオちゃんは2001年6月13日生まれです。

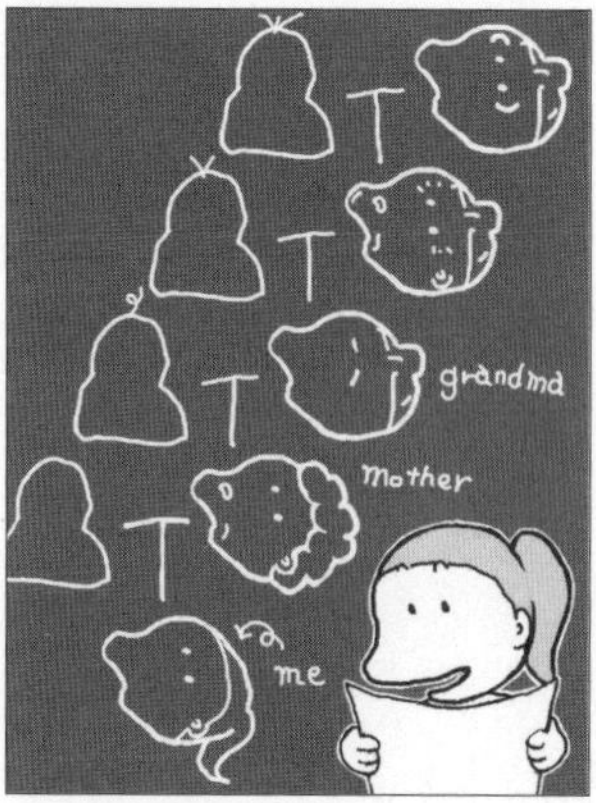

永遠の○○歳

☆年齢がいつまでも変わらないように設定されているキャラクターも多く、例えば不二家のペコちゃんは永遠の6歳、お友達のポコちゃんは7歳。出前一丁の出前坊やは8歳、ベビースターラーメンの坊主頭の男の子ベイちゃんは10歳、女の子ビーちゃんは8歳、と永遠のチビッ子キャラとして活躍しています。

☆P&GレノアのCMでYOUさんが声を担当している犬の主婦は「るりこさん」という名前です。彼女は36歳、夫は35歳、息子は6歳という設定になっていて、他に出てくる主婦仲間にもしっかりと名前や年齢などが細かく設定されています。

意外な若さに驚くカールおじさん

☆意外なのは明治のカールでおなじみの「カールおじさん」。口の周りがヒゲだらけのおじさんですが、まだ40歳と見た目よりかなり若い年齢設定です。1974年9月に初登場していますが、最初はカール坊やが主役で、おじさんはその他大勢の一人だったのですが、なぜか注目を集め、いつの間にか主役になっていたのです。

きょうは何の日!?

●計測の日、ムーミンの日　●和同開珎発行（708）　●大坂城天守閣の炎上（1615）　●カルピスの黒人マーク登場（1924）　●第1回東宝ニューフェースの審査（1946）　●文化放送「セイ!ヤング」放送開始（1969）　●省エネルック発売（1979）　●札幌ドーム開業（2001）

June
6月
4

きん肉マンは牛丼を選り好みしない！

1979年6月4日、牛丼チェーン・吉野家がロサンゼルスに牛丼レストランを開店しました。

なぜ「家」なのか？

☆この時は「ついに牛丼が世界デビュー」とニュースになったのですが、店舗を急激に増やしすぎたことで業績不振となり、翌年の1980年7月に会社更正法を申請して事実上の倒産をしています。その後、セゾングループの協力によって再建し、今に至っています。

☆「吉野家」という屋号は、日本橋の魚河岸に一号店を構えた松田栄吉の出身地・大阪府の吉野町から取ったものです。「ヤ」の部分が店を意味する「屋」ではなくて「家」なのは、家にいるような感覚で食事をして欲しいという願いが込められているからです。

美味しさのためのルール

☆吉野家では、細かいマニュアルがあって、どんぶりにご飯を盛る時のルールもあります。並盛りのご飯は260グラムですが、それも2回に分けて盛るというルールがあります。しかも1回目は160グラム、2回目は100グラムと決められていて、2回目は圧力を加えずふんわりと丘のように盛ります。これによって上に載せる牛丼が多く見え、しかもタレが染みこみやすくなる。ご飯の盛り方ひとつを取っても、細かいこだわりがあります。

アニメの主人公の大好物

☆吉野家の牛丼というとアニメ「きん肉マン」の主人公の大好物としても有名です。しかし2009年に牛丼チェーン「すき家」のCMに出演したことがあり、ファンの間でも「裏切った」という声が多く出ました。実は原作漫画の中に出てくる牛丼は「吉野家」だけではなく「なか卯」「すき家」「養老乃瀧」などいろいろあり、特定はされていません。

ただアニメ化された当時、吉野家の「牛丼一筋80年」というCMが有名だったのでそれを印象的に使ったことから、きん肉マンの好物は牛丼の中でも「吉野家の牛丼」というイメージが定着してしまったのです。

☆ちなみに吉野家のキャッチフレーズ「安い、早い、うまい」は1968年から使われていますが、これは大正13年、神田に開店した洋食ブームの先駆け・須田町食堂が「ウマイ・ヤスイ・ハヤイ」と、似たフレーズを既に使っていました。

愛されたい牛丼屋

☆「すき家」の社名は、創業した横浜がすき焼き発祥の地ということもありますが、みんなから「好きや」と思ってほしいからの意味も込められています。

味噌汁付きを強調する牛丼屋

☆「松屋」のマーク、青と黄色の二つの丸は、味噌汁とドンブリを意味しています。松屋は無料で味噌汁が付いて来るという差別化を表したマークなのです。

きょうは何の日!?
●世界環境デー　●ストウ夫人「アンクル・トムの小屋」連載開始（1851）　●嘉納治五郎が講道館を開く（1882）　●国立国会図書館が開館（1848）　●東郷平八郎葬儀・日本初の国葬（1934）　●神戸大空襲（1945）　●京王プラザホテル開業（1971）

June
6月
5

藤原紀香の高座名は「親和亭かつお」

6月5日は「落語の日」。6月5日→ろくごー→らくごー→落語という、「落語の日」らしいダジャレが元になっています。

落語家が変えた常識

☆「ソバってぇものはだな、こぉやってズズズーッと音を立てて食べるってぇのが流儀ってもんよ」とソバの食べ方を指南する落語がありますが、江戸っ子はこんな音を立てる食べ方はしませんでした。この食べ方は昭和になって落語がラジオ放送された時に、落語家がラジオ的に面白くなるように考案したもの。本来、江戸っ子はソバを食べる時に大げさな音をたてるのは下品だと考えていました。

湯飲み茶碗の中の秘密

☆落語家が噺をしている間、目の前には湯飲みが置いてあり、落語家は時々喉を潤します。湯飲みには普通はお茶が入っているのですが、柳家小三治師匠の湯飲みの中身は不二家のピーチネクター。小三治師匠いわく「これを飲むと唾液がだーっと出て喋りやすくなる」とのことです。

こんな歴史改変も

☆江戸時代の花魁が使っていた「～でありんす」という優雅なしゃべり方は、どうやら実在しなかったのではとされています。地方から連れて来られた娘たちが方言を隠すために特殊な喋り方を強要されていたことは事実ですが、近年の研究では「～ありんす」は、いかにも遊郭で使いそうな言葉として落語の中で語られていたものとのこと。

元は「肉まんこわい」

☆古典落語で有名な「饅頭こわい」という話。本当は大好きな饅頭を「怖い」とウソをついた男が、大量の饅頭にありつける話で、最後には「今度はお茶が恐い」と言って終わる話ですが、これは元々中国の明の時代の説話集「五雑俎（ござつそ）」の中にあった話です。元ネタでは饅頭ではなく「肉まんが恐い」というお話でした。

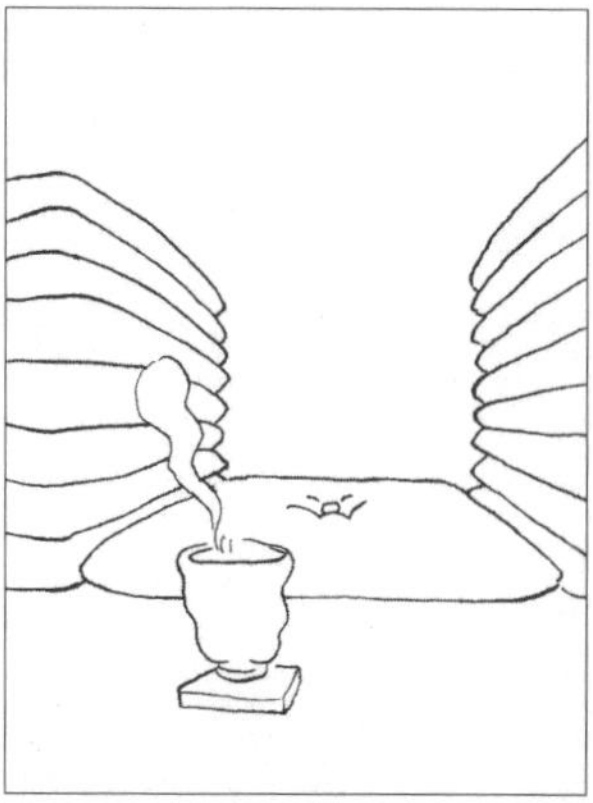

なんか威勢のいい人

☆春風亭昇太師匠が落語家になってからの初仕事は草野球の応援。「なんか威勢のいい応援ができる芸人を誰でもいいから1人」という依頼だったそうです。その時のギャラは5000円。

由緒正しい大学高座名

☆三宅裕司は明治大学の落語研究会出身。その時の高座名は「三代目・紫紺亭志い朝」でした。そして四代目が立川志の輔、五代目が渡辺正行と由緒正しい大学落研高座名。意外なところでは藤原紀香は神戸親和女子大学の落語研究会に所属しており、その時の高座名は「親和亭かつお」でした。

意外な二代目

☆一般的に知られている笑福亭鶴瓶は、実は二代目。初代鶴瓶は現鶴瓶の兄弟子でしたが、才能が無く前座で落語家を引退しました。その時、今の鶴瓶が5千円でその名前を譲り受けたのです。

きょうは何の日!?

●世界環境デー　●ストウ夫人「アンクル・トムの小屋」連載開始（1851）　●嘉納治五郎が講道館を開く（1882）　●国立国会図書館が開館（1848）　●東郷平八郎葬儀・日本初の国葬（1934）　●神戸大空襲（1945）　●京王プラザホテル開業（1971）

June
6月
6

【「キットカット」が合格祈願として有名になったのはゴン中山のおかげ】

1965年6月6日、日本サッカーリーグが誕生しました。当時はまだサッカーが社会人・アマチュア時代だったのですが、日本アマチュアスポーツ初の全国リーグで、釜本邦茂さんや杉山隆一さんなどが大人気でした。

静岡＝サッカー王国のキッカケ

☆サッカーリーグが始まった当時から、静岡県はサッカー王国と言われていました。それは昭和31（1965）年に旧清水市の江尻小学校に新任教師としてやって来た堀田哲爾さんがサッカー教育に熱心に取り組む人だったのです。

当時まだサッカーはあまり盛んではなく、体育の授業にサッカーは含まれていませんでした。当時の小学校では球技というと野球、バレーボール、ドッジボールぐらいで、学校には「ボールを足で蹴ってはいけません」という規則がありました。しかし、堀田先生はサッカーを教えるためにそれを無視して、毎日ボールを子供たちと蹴り続け、そのことから校則も変わっていったのです。

少年サッカーリーグの始まり

☆さらに堀田先生は近隣小学校にも声を掛け、各校にサッカーチームを作る運動を始め、選手だけでなく指導者の育成も始めました。

1965年の日本サッカーリーグ誕生で最初のサッカーブームが起こり、1967年（昭和42）には東海四県で初の少年サッカーリーグが開催されました。以前から清水を中心にした学校がサッカーを盛んにやっていたこともあり、第1回大会は市内の江尻・入江・庵原・飯田小の選抜メンバーで結成したチームが優勝を飾ったのです。これが現在の清水FCの前身です。

1.5mの巨大サッカーボール

☆その少年サッカー発祥の地となった江尻小学校の隣に「魚町稲荷神社」があるのですが、そこには直径1.5mほどの御影石でできた巨大なサッカーボールが置かれています。その台座には「日本少年サッカー発祥の碑」と刻まれています。

ゴン中山がヒットのきっかけに

☆静岡県出身のサッカー選手はたくさんいます。最初のサッカーリーグができた時のヒーロー・杉山隆一さんも旧清水市出身です。有名な選手の一人にゴン中山こと中山雅史さんもいますが、ジュビロ磐田時代のスポンサーとしてネスレが入った時、ユニフォームにKitkat（キットカット）のマークが付けられました。

その時の記者会見でゴン中山が胸の「Nestle」のロゴを指さし「胸が熱くネッスルプレーをします」、さらにKitkatのロゴを指し「キット勝ッつ」と言ったのです。

それがキッカケで「きっと勝つ」が受験生のお守りという企画が持ち上がっていったのです。

きょうは何の日!?

●楽器の日、かわいいコックさんの日　●ロンドンでYMCA（キリスト教青年会）創立（1844）　●ノルマンディー上陸作戦（1944）　●女子挺身隊結成促進を決定（1944）　●住宅金融公庫・発足（1950）　●TVゲーム「テトリス」が誕生（1984）

June
6月
7

【ローリング・ストーンズは50年も腰が定まらずふらふらしてる】

1963年6月7日、ザ・ローリング・ストーンズがイギリスでデビューしました。

実は優等生のミック

☆ボーカルのミック・ジャガーは永遠の不良少年というイメージですが、実は学生時代はかなり優秀で名門のロンドン経済大学に奨学生として通い、卒業していますす。そして卒業時に学生時代からやっていたバンド「ザ・ローリング・ストーンズ」を続けるか、国税局に就職するかで迷っていたそうです。

☆18歳でギタリストのキース・リチャードに、19歳でもう一人のギタリスト、ブライアン・ジョーンズに出会い、1962年活動を始め、1963年6月にプロデビューを果たしました。

転がる石の本当の意味

☆グループ名はブライアン・ジョーンズが好きだったブルースギタリストのマディ・ウォーターズの曲「ローリングストーン」から取られたものです。

ローリングストーンを直訳すると「転がる石」ですが、イギリスでは「腰が定まらないふらふらした奴」というマイナスの意味で捉えられています。しかし、アメリカでは「新しいことに積極的で若々しい」とプラスの意味になる、良い意味にも悪い意味にも捉えられる言葉なのです。

税金から逃げ出せ！

☆70年代に入ってビートルズが解散し、イギリスを代表するバンドとなった彼らですが、収入に関しイギリスがいろいろな理由をつけて税金を大量に要求した時がありました。その税率は、全収入の93％というとんでもない金額です。そのことからメンバーは南フランスに移住計画を立て、そこで「メインストリートのならず者」というアルバムを作っていますが、イギリスとしても逃げられては困るということで慌てて税率を下げたそうです。

来日コンサート

☆1937年1月8日、初来日コンサートが武道館で開催される予定でした。チケットの販売も開始されていたのですが、直前になって「ミック・ジャガーが以前、大麻不法所持でイギリスで逮捕されたから」という理由で入国ができなくなり、中止になっています。

☆ミック・ジャガーはその後、15年後の1988年にソロで来日することが許可されていますが、来日公演は武道館ではなく東京ドームで開催されています。

実は東京ドームはその年の3月18日にオープンしたばかりで、その4日後の3月22日に東京ドーム初のコンサートとして行われました。1990年には、ローリング・ストーンズとして初来日し、2003年にも来日しています。

きょうは何の日!?

●計量記念日　●安土城天守閣が完成（1576）　●長州藩の高杉晋作が奇兵隊を結成（1863）　●商標条例制定（1884）　●ノルウェー独立宣言（1905）　●日本初クレジット会社、日本信販が創業（1951）　●ローリング・ストーンズ「Come on」デビュー（1963）

June
6月
8

【土星を巨大な水槽に浮かべると、水面にプカプカと浮かぶ】

　1625年6月8日、イタリアで天文学者のジョバンニ・ドメニコ・カッシーニが誕生しています。

輪の発見者

☆カッシーニという名前は、1997年に打ち上げられた土星探査衛星の名前で記憶している方も多いかもしれませんが、彼は土星の周囲にある輪は一つではなく、隙間があって何重にもなっているということを発見した人物です。

昔は耳だと思われていた

☆土星と言えば、周囲の輪が特徴的ですが、この輪は肉眼ではほとんど見えません。土星を最初に望遠鏡で観察したのはガリレオ・ガリレイで、この時は輪ではなく土星の両側に小さな耳のような物が付いている、3つの惑星がくっついている、という報告をしています。その後、望遠鏡の精度が上がったことで、リング状になっていることが判明したのです。

見る角度によって輪が見えない？

☆輪の幅は10万㎞とかなり広い、土星の周囲を秒速15～20㎞の超高速でぐるぐる回っています。この輪を構成するものの正体は、細かい砂粒から大きくても軽自動車程度の岩や鉄が集まったもので厚みがほとんど無いそうです。そのために時々地球から見える角度によって、土星の輪が望遠鏡でも見えなくなってしまうことがあります。

地球の9倍以上

☆土星はそれほど大きなイメージはありませんが、実際には太陽系の中では木星に次いで2番目に大きな惑星で、地球の約9・4倍もあります。小さい印象があるのは、地球から肉眼で見える最も遠い惑星だからです。

水に入れてみると…

☆土星を作っている素材の密度がかなり低いらしくて、重さも水より軽いそうです。つまり超巨大な水槽があれば土星はその中で上26％ほどを水面に出してプカプカ浮かぶのです。ちなみに太陽系で最も比重の重い惑星は地球です。

土星と悪魔は関係ない

☆土星は英語でサターン（Saturn）と呼びます。予言者などが「この時期、サターンが近づくので悪いことが起こる」などと言い出したりすることもあるのですが、土星を意味するサターンは（ヘブライ語で悪魔を意味する）サタン（Satan）とは全く関係ありません。

　ローマ神話で農耕の神様とされるサトゥルヌスが由来になっている、自然の恵みを意味する惑星なのです。

セガ・サターンの由来

☆ゲーム機にあったセガ・サターンの名前は、この土星を意味するサターンの方が由来です。セガが発売した家庭用ゲーム機6台目ということで、太陽系第6惑星の名前を付けたのです。

きょうは何の日!?

●日光20万本の杉並木が完成（1648）　●徳川光圀「大日本史」を編纂する彰考館を開設（1672）　●軍事目的寄付金付き切手《弾丸切手》発売（1942）　●新聞で小説「青い山脈」連載開始（1947）　●鳴門市ー淡路島、全長1629mの大鳴門橋完成（1985）

June
6月
9

【セーラー服の襟は聞き耳を立てる時に使うもの】

1964年6月9日は、女優・薬師丸ひろ子さんの誕生日です。

セーラー服も機関銃も登場しない歌詞

☆薬師丸ひろ子さんの歌手としての代表作は映画主題歌「セーラー服と機関銃」ですが、この曲は歌詞の中にセーラー服も機関銃も出てこないので、映画の主題歌だと知らないで聞くと意味のよく分からない曲なのです。

機能的なデザイン

☆元々セーラー服は水兵の制服です。特徴的な襟のデザインは船の上や風が強い所で人の話を聞く時に、襟をフードのように立てて聞き耳を立てるためのデザインでした。そして胸元のリボンは手ぬぐいとして使ったものが変化したそうです。

ファッションとして進化

☆1864年にイギリスの王子・エドワード7世が水兵服を真似た子供服を着たことがキッカケで、子供だけでなく女性にも大流行しました。日本では1885（明治18）年に、のちに大正天皇になる明宮（はるのみや）皇太子がイギリスから贈られてきたセーラー服を着たのが元祖と言われています。

男が陸軍なら女は海軍

☆学ランと呼ばれる男子学生の制服は陸軍の制服を模したもので、既に明治時代に採用されていました。そこから、「女子学生は海軍の制服」と、セーラー服が採用されたのではないかと言われています。

制服に初めて採用した学校は？

☆女学生のセーラー服を日本で初めて採用したのは京都府の平安女学院だと言われています。最近の調査で、最も古い女学生のセーラー服写真が、1920（大正9）年にそれまでの着物・はかま姿からセーラー襟のついたワンピース型の制服に変わった平安女学院のものだと判明したのです。

体操服として採用した学校も

☆その翌年、1921（大正10）年に、福岡県の福岡女学院が上着とスカートが組み合わさった一般的なセーラー服を採用しているので、こちらが正統派セーラー服の元祖とも言われています。しかしこの時のセーラー服は通学服ではなく、体操服として採用されたものだったそうです。

☆同じ年に名古屋の金城女学院でもセーラー服が採用されました。ここではセパレートタイプで胸ポケットがあり、襟には三本線が入り、現在の形が完成しています。

条件次第で元祖はいろいろ

☆つまり、ワンピース型だけどセーラーの襟が付いた制服を採用したのは京都の平安女学院。セパレートだけど体操服として採用したのは福岡の福岡女学院、そして現在の形と同様のセーラー服を制服として採用したのは名古屋の金城女学院ということになるのです。

きょうは何の日!?

●ロックの日　●壱岐対馬に高麗の兵襲来、元寇弘安の役（1281）　●日本初の木活字経典「大蔵経」完成（1648）　●イギリス・ネス湖の恐竜写真が登場・ネッシー（1933）　●ドナルドダックがデビュー（1934）　●皇太子徳仁親王と小和田雅子の結婚（1993）

June 6月 10

【漫画より古い双子のタッちゃんカッちゃんは!?】

1970年6月10日は、お笑い芸人・いとうあさこさんの誕生日です。

40歳直前に、「私、朝倉南 39歳!」と漫画「タッチ」のキャラに扮装して人気者になりました。

漫画とリンクして甲子園へ

☆「タッチ」は1981年から少年サンデーで連載され、1986年まで続いた作品です。1985年にアニメ化されて大ブレイクしました。

☆この漫画の大きなテーマは「野球で甲子園大会に出場する」というものでした。最終的に甲子園出場を果たすワケですが、この漫画連載が刺激になったのか、作者・あだち充さんの出身校だった前橋商業も甲子園初出場を果たしています。そして偶然にもその地方大会決勝戦のスコアは、漫画と同じ5対4だったのです。

ヒロインの名前は町名から?

☆あだち充さんの出身校・前橋商業がある場所は群馬県前橋市「南町」、そして隣接した場所が「朝倉町」です。つまりヒロイン朝倉南の名前はここから取られたのではないかと言われています。

タッちゃんとカッちゃん

☆主人公は「タッちゃん」「カッちゃん」と呼ばれる双子だったのですが、その名前はお笑いコンビ「ザ・タッチ」の二人もそうです。だからグループ名が「ザ・タッチ」なのですが。

二人が誕生した1982年は漫画の方は連載1年目で、まだアニメ化はされていませんでしたが、母親があだち充さんのファンだったことから、ちょうど連載されていた漫画から二人の名前をつけたのです。

☆漫画では和也と達也ですが、お笑いコンビの「ザ・タッチ」の二人は「和也」はそのままですが、兄は達也ではなく「拓也」です。これは漫画の中の兄・達也が優柔不断でダメキャラだったので、似てしまうと困るということで少し変えて「拓也」にしたのです。

ところが漫画連載が続くと、その中で出来の良い弟の和也が交通事故で亡くなってしまうという展開だったので、お母さんはかなり後悔したそうです。

もうひと組の双子芸能人

☆ということで、芸能人で双子のタッちゃんカッちゃんというと「ザ・タッチ」のことだと誰もが思いますが、実は双子芸能人の先輩「おすぎとピーコ」の二人の本名は杉浦孝昭(たかあき)・克昭(かつあき)で、子供の頃の呼び名は「タッちゃん」「カッちゃん」だったそうです。こちらは漫画よりずっと早いのです。

☆ちなみに漫画の「タッチ」は、漫画連載開始をリアルタイムで計算すると、双子の誕生日は1968年6月16日。上杉和也が交通事故に遭うのは1984年7月29日、享年16。

きょうは何の日!?

●トキの記念日、商工会の日　●森永ミルクキャラメル発売(1913)　●電電公社の時報サービス開始(1955)　●協力隊協議会(青年海外協力隊の前身)発足(1965)　●大気汚染防止法・騒音規制法公布(1968)　●有吉佐和子「恍惚の人」発行(1972)

June
6月
11

こうもり傘という名前は黒船の上で誕生した

6月11日は、平均的な梅雨入りの日ということから、傘メーカーの団体「日本洋傘振興協議会」が1989年に「傘の日」として制定しました。

傘が発明されたのは…

☆雨が多い時期に傘は欠かせませんが、実は傘の発明は古代エジプトで、太陽光線を避けるために考案されたものが元祖。そのため傘を意味する英語「アンブレラ」は、ラテン語で日陰を意味する「umbrra（アンブラ）」に由来します。

男は傘なんぞ差さない！

☆中世のイギリスでは、傘は女性の物というイメージがあり、男性は雨の日も傘を差すことはありませんでした。1830年頃、とある傘屋さんが傘にステッキの持ち手を付けたことがキッカケで男性も傘を持つようになったのです。

もはや傘である必要はない

☆しかし、あくまでもステッキの代用品なので、とにかく傘を細く巻いて、よっぽどの雨でないと傘を差さなかったのです。細く巻くための専門業者「アンブレラローラー」もいました。

なぜ「こうもり」と呼ぶのか？

☆一般的な洋傘のことを「こうもり傘」と言いますが、この言葉は1854年に浦賀に黒船がやって来た時、幕府の一行として黒船に乗船した画家・樋畑翁輔がアメリカ人が差している傘を見て「その姿、コウモリのように見ゆ」と書いたことが最初です。

今も昔もヒューヒュー！

☆落書きの定番に「相合い傘」があります。これは江戸時代に既に誕生しています。当時の書物にも「男女を冷やかすために書かれる」とあります。

　近松門左衛門の浄瑠璃の中にも登場しますが、江戸城の中にもこの相合い傘の落書きがあったそうで、「書いた犯人は名乗り出るように」とおふれが出されたこともあったそうです。

傘を使った江戸仕草

☆江戸時代にいろいろな作法が生まれていますが、その「江戸仕草」の中では傘を差した者どうしが狭い道ですれ違う時に、傘を少しだけ傾けることを「傘かしげ」と呼びます。

☆傘を差さずに狭い道ですれ違う際に体を斜めにすることは「肩ひき」と呼びます。

お嬢様は傘なんて使わない

☆女優の朝丘雪路は子供の頃からお付きの人が何もかもやってくれていて、自分で傘を差したことがありませんでした。初めて一人で傘を使ったときには、閉じ方が分からなかったので、捨てて帰って来たのだとか。

きょうは何の日!?

●伊能忠敬が日本地図作成で蝦夷地へ（1800）　●日本初の銀行・第一国立銀行設立（1873）　●東京六郷小学校前に押しボタン式自動信号機が設置（1934）　●田中角栄「日本列島改造論」刊行（1972）　●食糧管理法の改正で「米穀通帳」廃止（1981）

June
6月
12

【アルムおんじはすごく重い過去を背負っている】

1827年6月12日、「アルプスの少女ハイジ」の作者、ヨハンナ・スピリがスイスに誕生しています。

アニメが名作になった理由

☆70年代にアニメ化された「アルプスの少女ハイジ」は世界的にヒットしました。

この作品はアニメには珍しく制作前にスイスまでロケハンに出かけ、リアリズムを追求したことであのような素晴らしい作品になったのです。ロケハンの時に録音したカウベルの音などがそのまま放送でも使われています。

11PMの「シャバダバ〜♪」と同じ人

☆ちなみにアニメの主題歌「おしえて」は120万枚の大ヒットでした。この曲を歌った伊集加代子さんは、同時期に深夜のお色気番組「11PM」のテーマ曲「シャバダバシャバダバ〜♪」を歌っていた方です。他にも「ルパン三世」の「Lupin the Third〜♪」や「クイズタイムショック」のクイズが始まる直前の「Time!」などの声でもおなじみです。幅広いジャンルの歌を歌っていたんですね。意外な所では岩崎良美さんのヒット曲「タッチ」のバックコーラスも伊集加代子さんです。

意外にハードな設定

☆ハイジと一緒に暮らしているアルムおんじは、原作では元兵隊という設定です。

さらにケンカで人を殺してしまい、軍を脱走して各地を転々と15年ほど逃げ回ったとなっています。さらに逃亡後に結婚をして子供も授かるのですが、奥さんが亡くなり、息子も仕事中の事故で亡くなってしまったという、かなり重い過去を背負った人物です。

そんな続編はいやだ！

☆戦争が起こってペーターが兵隊になる話もありますが、この続編は石川淳という日本の作家が1952年に書いた「アルプスの少女」という短篇です。原作者のヨハンナ・スピリは1901年に亡くなっており、死後50年が経過したことで法的には問題はありませんが、なぜかこの作品は教科書に掲載されたことがあり、ある年代の方はその続編をよく知っているかもしれません。

☆他に、別の作家が書いた続編ではイタリアの学校に進学したハイジは、戦争が起こったことで軍事工場で働かされてアルプスへ戻るための脱走を企てる、野麦峠か大脱走かという話もあります。

ハイジの質問への答え

☆ハイジに「口笛はなぜ遠くまで聞こえるの？　あの雲はなぜ私を待ってるの？」と訪ねられた時は「口笛の周波数は人間の耳で感知しやすい音で、障害物の少ないアルプスでは想像以上に遠くまで響くからだよ。そして雲が待っているように見えるのは直線的に動く物を定点観測したとき、君の目の仰俯角θ（シータ）は対象との距離rに反比例するからだよ」と答えてあげよう。

きょうは何の日!?

●恋人の日　●桶狭間の戦い(1560)　●日本初の鉄道が仮営業、品川ー横浜間(1872)　●邦文タイプライターの特許(1915)　●川端康成「雪国」発表(1937)　●マン島レースでホンダ初優勝(1961)　●日本初の原子力船「むつ」進水(1969)　●大平正芳首相が死去(1980)

June
6月
13

【屋根の上に太陽系をのせる家庭が増えている!?】

1983年6月13日、アメリカの無人探査機パイオニア10号が人類の作った物質として初めて太陽系を脱出しました。

太陽系の端まで11年

☆パイオニア10号は1972年3月に打ち上げられました。目的は木星の調査で、打ち上げから2年近く経った1973年12月に木星へ最接近して、いろいろな画像データを送っています。それから11年の歳月をかけて、太陽系の端っこまで到達したのです。

この旅の先はもっと遠い

☆太陽系を脱出して宇宙を漂い続けながら微弱な電波でNASAへデータを送り続けていたのですが、それから20年後の2003年1月22日の信号を最後に電波は途絶えています。今でもどこにも届かない電波を発信しながら、あてもなく宇宙を漂っているハズです。計算された進路の53光年ほど先にはアルデバランという星雲があり、約170万年後に到着する予定です。

デタラメ扱いされた太陽系

☆地球や他の惑星が太陽を中心に回る「太陽系」という考えは、紀元前290年頃ギリシャの天文学者アリスタルコスが最初に考えました。と言っても誰にも相手にされずその書物すら残っていません。なぜ、それが現在分かるのかというと同時代のアルキメデスが書いた本の中で「最近デタラメなことを言い出して人々の気を引こうとするヤツがいるが」と、太陽系説を珍説として紹介し、笑い物にしているからです。

元惑星・冥王星の小ささ

☆かつては惑星の名前を「水金地火木土天海冥」で暗記した方もいると思いますが、2006年に冥王星は「惑星と呼ぶには小さすぎる」として外されてしまいました。冥王星は直径2304㎞。月の直径が3474㎞なので、月の2／3の大きさしかありません。

そんな小さな冥王星が惑星として認知されたのは、古くから天文学者たちが「海王星の向こうにもう一つ惑星があるのではないか」という仮説を立てていたからです。1930年にそれらしい星が発見されたことで「遠くて大きさなどはよく分からないけど」という状態で、勢いで惑星に加えてしまったのです。それから70年以上も経って「やっぱ小さすぎるよね」とハズされたのです。

太陽系が屋根の上に?

☆太陽系は英語ではソーラーシステム(solar system)と言います。太陽光から電気を作りだす装置をソーラーシステムと呼ぶのは和製英語なのです。正しくは「フォトボルタイック・パワー・ジェネレーション(Photovoltaic power generation)」という難しい英語になります。外国人に太陽光発電をソーラーシステムと説明すると「お前の家の屋根には太陽系がのってるのか!?」と驚かれるかもしれません。

きょうは何の日!?

●坂上田村麻呂が蝦夷征討に出発(794)　●本居宣長「古事記伝」完成(1798)　●映画「カサブランカ」日本公開(1946)　●河野洋平たちが新自由クラブ結成(1976)　●衣笠祥雄・2131試合連続出場の世界記録(1987)　●小惑星探査機「はやぶさ」が地球へ帰還(2010)

June
6月
14

紫式部は日記で感情を爆発させていた

1942年6月14日は、ナチスに追われるアンネ・フランクが日記を書き始めた日です。

七八〇日分の記録

☆この日の前日はアンネ13歳の誕生日。父親から日記帳をプレゼントされたのがキッカケで、日記は2日遡った6月12日の出来事から書き始めています。それから2年後の1944年8月4日にアンネ一家がナチスに連行される3日前の8月1日までの日々を描いた記録は多くの人に衝撃を与え、「日記文学」として今も読み継がれています。

人に見せる前提だった？

☆基本的に日記は「人には見せない」という前提で書かれているのですが、アンネは戦争が終わったら日記を出版したいと考えていて、オリジナル日記と清書し直した日記と、2つのバージョンがあったそうです。

読まれたくなかった日記…

☆読まれないように書いた日記の代表に石川啄木の日記があります。啄木は奥さんに読まれないように、すべてローマ字で書いていたそうですが、死後発見されたその日記には浮気に関する記述が満載で、さらにベッドに入ってからの細かい記述まで克明に記録してありました。

しかし奥さんはいつの間にかローマ字を読めるようになっていて、それをコッソリと読んでいたそうです。啄木は亡くなるまでその事実を知らず、克明に浮気の記録を残していたのです。

女性の日記はコワい

☆紫式部の日記には同時代のライバル・清少納言のことが書かれていて、「あの女は、高慢で頭のいいことをひけらかしているが、そのうち失敗するに決まってるわ！」と女性の怖さを物語る文章が書かれています。

常に平常心

☆フランス国王・ルイ16世も日記を付けていました。マリー・アントワネットとの結婚式当日の日記には「特筆すべきことは無し」と書いてあります。

フランス革命の勃発した日も「特筆すべきことは無し」と書いています。といってもこれを書いたのは事件を知らされる前のことだそうです。

日記から始まった名コンビ

☆本来は読ませるはずでは無かった日記から意外な展開になった人と言えば、作詞家の来生えつこ・来生たかお姉弟です。弟のたかおさんがお姉さんの日記をコッソリ読んだ所、そこに詩が書かれていたので、それに勝手に曲を付けたそうです。あまりにも良い曲ができたので「お姉ちゃん、こんな曲ができた」と聞かせたのがキッカケで、姉弟のコンビが誕生したのです。でもいくら姉弟間でも日記は読んじゃいけませんよ。

きょうは何の日!?

●アメリカ国旗に星条旗が制定（1777）　●オリンピックの五輪マークが制定（1914）　●スーパーマンの連載開始（1938）　●アジア太平洋協議会（ASPAC）設立（1966）　●榎美沙子らが中ピ連を結成（1972）　●フォークランド戦争終結（1982）

June
6月
15

【珍しいトカゲの写真を〝ある日～〟撮影した人は!?】

1984年6月15日、エリマキトカゲが日本に上陸しました。

本人にとっては迷惑なブーム

☆当時、三菱ミラージュのCMでエリマキ状の膜を広げてドタバタと二本足で走るトカゲが話題になったため、急きょ輸入されました。

しかしあのトカゲは自然界で恐怖を感じた時にエリマキを広げて二本足で走る習性で、ケースの中には走る広さも無く、CMのようには行きませんでした。首回りに膜のようなモノがついているトカゲというだけで、あっという間にブームが去りました。

足のないトカゲもいる

☆トカゲとヘビの違いは「足」の有無ではありません。実はミミズトカゲという手も足もないトカゲも存在しています。

両者の決定的な違いはまぶたです。まぶたがあって目が閉じるのがトカゲで、まぶたがないのがヘビとされています。他には外耳、つまり音を感知できるのがトカゲです。危険回避のため尻尾が切れるのもトカゲの特徴です。

トカゲの漢字の意味

☆トカゲは漢字で「虫＋析」と「虫＋易」で蜥蜴と書きます。この易という文字、易学などの占いを意味する漢字です。が、元はこれ一文字で「トカゲが木に登っている」姿を表していたと言われています。

実はトカゲはカメレオンと同じように周囲の色に合わせて体色を変化させることができます。そのことから、この易という文字が「何にでも変化する→万物の象徴」という意味合いを持つようになり、いつしか占いを意味する漢字になっていったのです。

ある日、撮影されたという…

☆トカゲにはいろいろな種類があるのですが、珍しいトカゲの一つに原始的な「ムカシトカゲ」という種類がいます。イグアナなどに近い種類ですが、日本で発売されている動物図鑑に掲載されている写真には、撮影者名に坂崎幸之助と書かれているものがあります。実は、日本人で野生のムカシトカゲの撮影に初めて成功したのがアルフィーの坂崎幸之助さんなのです。

トカゲを大きくすると

☆恐竜の名前に、よく「ザウルス」と付いていますが、あれはギリシャ語でトカゲを意味する「sauros」がルーツの言葉です。

コモドオオトカゲにご注意

☆毒を持つトカゲは、メキシコとアメリカの一部地域に住んでいる2種類しかいません。しかしコモドオオトカゲの場合、毒は持っていませんが唾液の中に大量のバクテリアが棲んでいて、噛まれるとかなり危険らしいので要注意です。って普通、遭遇しないとは思いますが。

きょうは何の日!?

●聖武天皇が都を平城京に遷都(745)　●グッドイヤーがゴム改良の特許(1844)　●IBMの前身会社が設立(1911)　●初の官製暑中見舞ハガキが発売(1950)　●坂本九「SUKIYAKI／上を向いて歩こう」米ビルボード1位(1963)　●スタジオジブリ設立(1985)

June
6月
16

【丸子の丁字屋は芭蕉が訪れた時、既に創業百年】

6月16日は「麦とろの日」です。

麦と一緒に食べる理由

☆これは「麦ごはんの会」が2001年に制定した日で「ム（6）ぎトロ（16）」の語呂合わせです。

☆麦＋とろろは栄養バランスが高く夏バテ解消効果もあり、夏直前のこの日に「麦とろごはん」の普及を図る目的で制定されたそうです。

☆麦飯はあまり消化が良くないのですが、とろろには消化酵素ジアスターゼが大量に含まれ、麦飯の消化を助けてくれます。しかもジアスターゼは熱に弱いので、加熱せずに食べられるととろ汁という食べ方が、一番理に適っているのです。

安藤広重も松尾芭蕉も

☆とろろと言えば、静岡の丸子に「丁子屋（ちょうじや）」というとろろ料理の老舗があります。

安藤広重が幕末期の1832年に書いた絵にも「名ぶつ　とろろ汁」の看板を下げた店として登場します。さらにもっと昔、江戸時代初期の1691年に松尾芭蕉がここを訪れた際に「梅若菜　鞠子の宿の　とろろ汁」という句を残しています。

☆それだけでも凄いのですが、実は芭蕉が訪れた時、既に丁子屋は創業100年でした。なんと「関ヶ原の合戦」の4年前1596年に創業しているのです。

弥次喜多は大惨事に遭遇

☆江戸時代の旅行ガイド「東海道中膝栗毛」にもちゃんと「丸子のとろろ」が登場しています。といっても主人公の弥次さん喜多さんは、丸子にある茶店に立ち寄った所、店の中では店主夫婦がケンカをしている真っ最中。とろろが飛び交う大惨事に遭遇してしまい、結局二人はとろろを食べることができずに意気消沈しながら次の宿を目指します。旅のガイドブックのハズなのに、あまり有り難くない話が書かれているのですが、作者・十返舎一九は駿府の生まれで、丸子を何度も訪れたことがあり、ある意味、愛情を込めてこの話を書いていたのです。そのために、東海道の旅人には「あの膝栗毛の中に出てきた丸子のとろろが食べたい！」と立ち寄る客も増えたそうです。

痒さの原因は小さな針

☆とろろを食べると口の周りが痒くなることがあります。これはとろろに含まれるシュウ酸カルシウムが1ミリの1000分の1程度の目には見えないほどの小さな針の形をしているからです。

自然薯を摺った時にこれらの細胞が破壊され、チクチクするようになるのです。チクチクしないようにするためには、熱を加えればいいのですが、熱を加えると今度はジアスターゼが破壊され消化が良くなくなるので……。痛し痒しなのです。

きょうは何の日!?
●和菓子の日。ケーブルテレビの日　●孫文が日本に亡命（1901）　●自動車のフォード社が設立（1903）　●女性初の宇宙飛行士テレシコワが宇宙へ（1963）　●清涼飲料水のペットボトル使用許可（1982）　●金融監督庁設置法が成立（1997）

June
6月
17

【ストラヴィンスキーは来日した時チンドン屋の後ろで踊ってた】

1882年6月17日、ロシアの作曲家イーゴル・ストラヴィンスキーが誕生しました。代表曲に「火の鳥」「ペトルーシュカ」「春の祭典」などがあります。

もっと無表情に

☆普通、音楽家はその曲にいかに表情を付けて演奏するかということに注意を払いますが、ストラヴィンスキーは「演奏に勝手な解釈を入れるべきではない。淡々と楽器の奏でる音に任せるべきだ」と主張していたそうです。

そのため、自動演奏ピアノやオルゴールで演奏するのが最も音楽的だと考えていたそうです。

小皿叩いて八木節を

☆ストラヴィンスキーは1959年、77歳の時に1カ月ほど日本に滞在しています。その時に日本食が大好きになったのですが、特に刺身と納豆が好物だったそうです。さらにいきなり食事の際に「日本のこんな曲を知っている」と言って、それまで使っていた箸でグラスを叩きながら八木節を歌ったそうです。

チンドン屋に興味津々

☆さらに「日本にはチンドン屋というパフォーマンス集団がいるらしい。それをぜひとも見たい」と言い出したため、プロモーターが東京都内で新装開店するパチンコ屋を探し出し、そこにやって来たチンドン屋を見学させたそうです。

その時は30分ほどそのチンドン屋の後ろについてリズムを取りながら、曲を聞いていたそうです。

ピカソとの縁

☆ピカソが描いたストラヴィンスキーの似顔絵がパリのピカソ美術館に展示されています。鉛筆だけでササッと描かれた作品ですが、ストラヴィンスキーの内面まで描いたような作品です。

ピカソはジャン・コクトーの仲介でロシアのバレエ団と関わりを持ち、ローマでストラヴィンスキーと出会っています。この絵が描かれた1920年のストラヴィンスキーは、ロシア革命から亡命している最中です。

改訂版を出さざるを得ない理由

☆ストラヴィンスキーの曲は、初めて演奏された時のものと現在演奏されているものを比べた時に、メロディやアレンジが違っている曲が多くあります。作曲家の中には何度も改訂版を出し、より良いものに仕上げたいと考える方もいるのですが、ストラヴィンスキーの場合はちょっと理由が異なります。

実は、最初の演奏はロシアにいた時に発表されたものですが、全財産を失ってアメリカに亡命した時に、「昔発表した曲の著作権は主張できませんが、新たに編曲し直せばそれの著作権は主張できます」と言われたことから、多くの曲を改訂したのです。

改訂版が多く作られているのは「曲をより良くする」ということではなく、経済的な理由だったのです。

きょうは何の日!?

●伊東玄朴ら蘭方医が上野お玉ヶ池種痘所を設立（1858）　●神戸海軍操練所が開設（1864）　●首都高速道路公団が発足（1959）　●沖縄返還協定に調印（1971）　●ウォーターゲート事件（1972）　●深川通り魔殺人事件（1981）　●O・J・シンプソンが逮捕（1994）

June
6月
18

映画「ビルマの竪琴」は間違いだらけ？

1989年6月18日、ビルマの国名がミャンマーに変更されました。

映画でおなじみですが…

☆ビルマというと映画で有名な「ビルマの竪琴」を思い出す方も多いと思います。この話は元々、竹山道雄さんが1947年に子供向け雑誌に書いた小説です。終戦後に出家してビルマの僧侶になった水島上等兵が肩にインコを乗せて竪琴を奏でる場面が有名ですが、実際にはビルマの僧侶は戒律により、まずペットを飼うことが禁じられています。さらに楽器を演奏することも禁じられているそうです。

平和を祈って付けた地名

☆現在の首都はヤンゴンです。この地名は、昔から民族間の紛争が絶えなかったこの地を18世紀後半に統治したミャンマー族の王が「闘いの終わり、平和」という意味のヤンゴン（Yangon）と名付けたことに由来します。民族的戦乱はいったん収まったのですが、その後は世界的な紛争に巻き込まれてしまいます。

ビルマとミャンマーは同じ？

☆この地に古くから住んでいたのがミャンマー族ですが、このミャンマーという発音は聞きようによってはビャーマーと聞こえるそうです。西洋人にはビャーマーがさらに「ビルマ」に聞こえたことから、英語的発音でビルマと記録されてしまったのです。

　ニッポンが昔の発音ではジッポンと聞こえて、それが海外ではジッパン→ジャパンに変化したのと同じような経緯です。このこともあって1948年にビルマは植民地から脱しているのですが、それから41年後の1989年に完全独立を目指し、本来の発音である「ミャンマー」に直したのです。

苗字は無い

☆ミャンマーのアウン・サン・スー・チー女史は、父親がビルマ建国の父と呼ばれる「アウンサン」だったこともあって、区別する意味で「スーチー女史」などと呼ぶこともあります。

　ですが実はミャンマーには苗字という概念が無く、複数の名前をその人個人に付ける習わしなので本当は「アウン・サン・スー・チー」という名前をどこで区切ることもできません。つまりスーチー女史という呼び方は名前を途中から呼んでいるようなものです。山田太郎さんを「ダタロウさん」と呼んでいるようなもので、失礼にあたるそうです。

メンマはミャンマー由来？

☆ちなみにジャカルタからやって来たイモだから「ジャガイモ」の名が付いたように、ミャンマーからやって来たから「メンマ」という説があるそうですが、これはガセです。

　ラーメンにのせる麻竹が本当の語源なのですが、メンマの原材料になる麻竹の原産地はミャンマーが最も多いそうなので、そこから来た俗説のようです。

きょうは何の日!?

●ワーテルローの戦いでナポレオン敗戦（1815）　●京都帝国大学（京都大学）創設（1897）　●官製はがきに初の色刷り絵葉書（1902）　●日本からの移民第一陣がブラジルに到着（1908）　●豊田商事会長刺殺事件（1985）　●リクルート疑惑発覚（1988）

June
6月
19

「生まれてすみません」を勝手に使ってすみません

1909年6月19日、太宰治が青森県北津軽郡に誕生しました。

意外な同い年

☆太宰治と松本清張は同時代の作家ではありませんが、共に明治42年生まれの同い年です。太宰治は戦前から活動していて40歳で亡くなりましたが、松本清張はその2年後に42歳でデビューしています。同時代の人というイメージが全く無いのはそのためです。

現実をベースにしているが…

☆太宰治の作品「走れメロス」は親友を人質にしたメロスが約束の日没までに戻ってくる物語ですが、これは熱海で豪遊をして借金を作った太宰が檀一雄を残し、東京にいる井伏鱒二の所へ金を借りに出かけたことがきっかけで書かれた物語です。

しかし実際には何日待っても帰って来ず、檀一雄が宿屋に借金を残したまま東京へ戻ると、太宰は井伏とのんびりと将棋を指しながら「人に金を貸してくれと言うのは難しい。金を貸してくれと言い出せず何日も経ってしまった。待つ身も辛いだろうが待たせる身も辛い」と答えたのだそうです。

名言は盗作?

☆「二十世紀旗手」の副題として使われている「生まれてすみません」という名言は、太宰治のオリジナルではありません。

元々は太宰の親友・山岸外史（がいし）のいとこ、寺内寿太郎が書いた詩の一節です。太宰と山岸は文学論議を戦わせることがあり、その会話の中に出てきた面白いフレーズは「どちらが考えても共有財産で早い者勝ちで使って良い」というルールがありました。

ある時、山岸が「いとこが書いた詩で『生まれてすみません』というのがあって…」と語ったことが太宰の記憶に残り、そのまま使ってしまったのです。勝手に自分の詩を使われた寺内寿太郎は太宰に抗議しましたが、既に人気作家だった太宰が使ったために有名になってしまい、結局、太宰治の言葉として定着してしまったのです。

川端康成に悪態をつく

☆どうしても芥川賞が欲しかった太宰治は、選考委員の川端康成に懇願する手紙を書きました。しかし落選した後は川端を逆恨みし「大悪党」と罵っています。

常に酔っぱらっている?

☆太宰治は日本酒一升程度ではほとんど酔わず普段と変わらなかったと言われています。しかし知人の坂口安吾は「酒が入ってなくても二日酔いのような人物だった」と語っています。

虫が良すぎる遺書

☆太宰治は最期、愛人と共に玉川上水で入水自殺してしまうのですが、その時の遺書には残された奥さんへメッセージが大きな文字で書かれていました。「お前を誰よりも愛していました」。

きょうは何の日!?

●京都府が初の地方自治体として制定（1868）　●ワシントン州で初の父の日（1910）　●丹那トンネル貫通（1933）　●静岡大空襲・福岡大空襲（1945）　●投資ジャーナル事件・中江滋樹逮捕（1985）　●衆議院議員・鈴木宗男が斡旋収賄容疑で逮捕（2002）

June
6月
20

【苦い苦いコーヒーを飲ませるという刑罰が存在した】

1908年6月20日、コーヒーのペーパーフィルターをドイツ人の主婦、メリタ・ベンツが考案しました。それまでは布を使ったり、面倒な人は粉にしたものをお湯に溶かして飲んでいました。便利な使い捨て紙フィルターは主婦のアイディア商品だったのです。

意外な飲み方

☆コーヒーという名前は原産国であるエチオピアの地名「カファ（kaffa）」が由来とされています。そのエチオピアには日本の「茶道」のように「コーヒー道」があります。そこではコーヒーにバターか塩を入れて飲むのが流儀なのだそうです。

コーヒーが刑罰に？

☆コーヒーは4世紀頃にアラビア半島で発見されました。それが飲み物としてヨーロッパに伝わったのは16世紀頃です。

すべての人が受け入れたわけではなく、18世紀のスウェーデン王・グスタフ3世はコーヒーの苦さが体質に合わず、「死に至るほどの毒薬」だと思いこんでしまい、死刑囚にコーヒーを飲ませるという刑罰を執行したことがあります。運が悪ければ死ぬはずだと考えたのです。

モカの産地はモカではない

☆コーヒーの「モカ」はアラビア半島イエメンのモカで採れた豆ではなく「モカ港から輸出されたコーヒー」です。

☆モカの最高級品「モカ・シモダ」というコーヒー豆は、エチオピア産で内陸にある場所から2つの国を越え、600㎞も旅をしてモカ港に到着しています。

コーヒー中毒？

☆多くの人に愛されたコーヒーですが、19世紀フランスの作家・バルザックは濃いコーヒーが大好物で、毎日付けていた日記によると晩年の20年間でなんと5万杯も飲んだそうです。

律儀なベートーヴェン

☆ベートーヴェンもコーヒーが好きで、毎日自分でコーヒーを煎れて飲んでいたのですが、その時なぜか必ずコーヒー豆の数を60粒使うと決めていて毎回数えていたそうです。

スジャータはお釈迦様の恩人

☆コーヒーには一般的にミルクを入れますが、有名な商品にめいらくの「スジャータ」があります。この商品名は、大昔インドでお釈迦様が断食など死にそうな苦行を終えた時に、牛乳を使ったお粥で体力を回復したのですが、そのお粥を作ってお釈迦様を救った村娘の名前「スジャータ」から来ています。

ちなみに、めいらくの社長夫人は元おニャン子クラブの斉藤満喜子さんです。

昼寝の前にコーヒーを

☆ちなみに昼寝をする時に、寝る直前にコーヒーを飲むのは効果的です。コーヒーのカフェインが脳まで達するのに30分ほど掛かるため、寝始めて30分後にシャキッと目が覚めることになるからです。

きょうは何の日!?

●ペパーミントデー、さくらんぼの日　●近松門左衛門「曽根崎心中」初演（1703）　●初の言文一致小説・二葉亭四迷「浮雲」刊行（1887）　●富士通信機製造株式会社（富士通）が創業（1935）　●煙草「ハイライト」登場（1960）　●NHKホールが開館（1973）

June
6月
21

【ナポレオンは晩餐会でアルミ製の食器を自慢していた】

1938年6月21日、戦時中のこの日に新しい貨幣が発表され、1銭と5銭のアルミ硬貨が登場しました。

世界初のアルミ製硬貨

☆現在1円玉はアルミニウム製ですが、そのルーツは戦時中に作られた1銭と5銭のアルミ硬貨です。

アルミでできた硬貨は韓国、カメルーン、リトアニアにもありますが日本の硬貨が元祖です。戦時中、多くの金属は軍事物資として回収され、硬貨に使う金属が不足していましたが、アルミは素材としてあまりにも軽く軟らかいので使い道が無く残されていたことから、新しい硬貨に採用されたのです。

地球上に最も多い金属

☆実はアルミニウムは地球上で最も多く存在する金属とされています。

と言っても塊で存在しているわけではなく、軟らかいのでいろいろなものに溶け込んだ状態で存在しています。そのために昔は逆に純粋な形で存在しているアルミが少なく貴重な金属でした。

ナポレオン自慢の品も

☆どのくらい貴重だったかというと、ナポレオンのコレクションにアルミ製の食器があり、当時の値段は純金でできた食器より高価だったと言われています。

そのためにナポレオンの元に国賓級の客、VIP待遇の客が来た時、晩餐会でアルミ製の皿を使い「どうだ凄いだろう」と自慢していたそうです。

同じ年に成功した二人

☆アルミを化合物の中から電気を使って純粋な形で取り出すことに成功したのが1886年です。この方法を考え出した人物が実は二人いて、どちらが先なのか分かっていません。

一人はアメリカの22歳の学生チャールズ・ホール。アルミを精製できたら大儲けができると考え自宅で実験を成功させています。もう一人はフランスの同じく22歳の科学者ポール・エルーです。

☆アメリカとフランスの22歳の青年がほぼ同時に同じ方法を考えついたワケですが、実は二人とも28年後に亡くなっています。しかも二人とも、51歳の誕生日から1カ月後でそこも共通していました。

そして二人ともアルミの精製でひと儲けできると企んだのですが、精製できた瞬間にアルミの値段が暴落し、儲けることはできませんでした。

本当は安くない?

☆アルミが安いと言っても、缶ジュース110円の場合、中身のジュースの原価は15円ぐらいですが、外側のアルミ缶の原材料費＋加工費は20円ほどです。

アルミの知恵袋

☆アルミホイルの利用法の一つに、ハサミの切れ味を良くするということがあります。古くなって切れ味が落ちてしまったハサミでアルミホイルを何度か切ると、元の切れ味が復活します。

きょうは何の日!?

●日本初の軍艦「清輝」竣工（1876） ●無線電信法公布（1915） ●長時間演奏可能なLPレコードが誕生（1948） ●東京五輪から柔道とバレーボールが正式種目に採用決定（1961） ●司馬遼太郎「竜馬がゆく」連載開始（1962） ●東北帝国大学が創設（1907）

June
6月
22

【ボウリング場の貸し靴がダサすぎるのには理由がある】

1861（文久元）年6月22日、長崎にあった外国人居留地に日本で初めてのボウリング場が開場しました。

ボウリングの考案者は

☆ボウリングは10本のピンを使いますが、かつては9本のピンでした。この9本ボウリングを考案したのは宗教改革を行ったマルチン・ルターです。この当時のボウリングは宗教的儀式として行われ、ピンが何本倒れたかということでいろいろなことを占うという目的があったのです。

9本から10本へ

☆これが面白いということで、占いではなくゲームとして行われるようになり、賭博に発展していきました。そこで教会がボウリング禁止令を出したのですが、とあるアイデアマンが、「9本のピンを倒すゲームが禁止されたけど、10本なら禁止されていないよね」と屁理屈を考え出し、現在の10本のピンを倒すボウリングが誕生したのです。

3連続ストライクで七面鳥

☆3回連続ストライクを出すことを「ターキー」と呼びます。ターキーは七面鳥のことですが、そう呼ばれる理由には諸説あります。①とあるボウリング場で3連続ストライクのお客さんに七面鳥をプレゼントしたことから。②アメリカ先住民が1本の矢で3羽の七面鳥を射止めたのを見て「ボウリングで3連続ストライクを出すぐらいに凄い」と称したから。③七面鳥が羽根を広げるとストライクを意味するマークを3つ重ねたように見えるからという説です。

ピンの素材はカエデ

☆ピンは、カエデの木を寄せ木細工のように組み立てたものにナイロン樹脂をコーティングして作られています。ベースの素材は木なので湿度に影響を受けやすく、湿度が低い時のほうが軽いので飛びやすくなっています。

アメリカと日本の違い

☆アメリカのレーンはツルツルしており、そのためボールの表面は結構粗くなっています。日本は逆でレーンがドライにできているため、ボールの表面がツルツルしています。

ボールの穴の数は?

☆ボールには穴が3つありますが、ルールでは6個まで穴を開けてよいことになっています。しかし6個穴を開けた場合は5本の指を全部入れるのが前提です。残り1つの穴はバランスホールと呼び、指を入れなくてもいい穴です。

ダサすぎる靴にも意味が

☆ボウリング場の貸し靴は、やたらと派手な色遣いをしていますが、あれはわざとダサく作ってあります。理由は盗難防止。かつて貸し靴をそのまま持ち帰ってしまう人が多かったため、普段履きたくならないようにダサいデザインにしたところ、盗む人がいなくなったそうです。

きょうは何の日!?

●かにの日、冷蔵庫の日 ●地動説のガリレオに有罪判決（1633） ●ナポレオン1世が皇帝を退位、百日天下終了（1815） ●西郷隆盛・坂本龍馬らが大政奉還協力の盟約（1867） ●骨髄バンク患者の登録開始（1992） ●製造物責任法（PL法）が成立（1994）

June
6月
23

【美しいひなげしには血塗られた過去がある】

1907年6月23日、「朝日新聞」で夏目漱石の「虞美人草」の連載が始まりました。

タイアップビジネスの先駆け

☆この小説の連載を開始した時、夏目漱石は既に人気作家でしたが、朝日新聞という商業出版で作品を連載したのは初めてでした。連載開始に合わせて朝日新聞に「三越呉服店で虞美人草模様の浴衣生地新発売！」という広告が掲載されるとこれが大ヒットとなり、一時は生産が追いつかないほどでした。

☆さらに上野の貴金属店・玉宝堂が「虞美人草リング」という指輪の発売を開始し、これもヒット商品となりました。つまり明治時代からタイアップビジネスは盛んだったのです。

赤い花の色は

☆虞美人草という名前は、古代中国の武将・項羽（こうう）の美しい恋人「虞（ぐ）」に由来しています。項羽が戦乱で破れた時に、後を追って自決するのですが、その時に流れた血から誕生したのが赤い「虞美人草」なのです。

☆虞美人草の一般的な名前は「ひなげし」です。今ではひなげしというと白やオレンジ色などもあって、血の色から誕生したと言われても今ひとつピンと来ませんが、古くは赤が主流だったので流れた血の色と結び付けられたのです。

★キリスト教でも同じ意味

☆実はヨーロッパでもひなげしは血の色と関連付けられており、キリストが流した血から生まれたとされ、戦死者の魂を慰める花として墓地に飾ることが多いそうです。

やべッ
「虞美人草」を
書き終えたけど
虞美人草が
どこにも
出てこねェよ
さてどこに
入れようか
ニャーッ

赤ちゃんとお母さん

☆ひなげしは英語で「ポピー」と言います。そしてポピーと言えば幼児からの家庭学習教材「ポピー」があります。

なぜこの名前が付いたのかというと、きれいな花をイメージさせるというのもあるのですが、ポピーの実が成熟していくと小指の先ほどの大きさに成長して、ちょうどお母さんの乳首の大きさになると言われています。

赤ちゃんと母親の結びつき、そして成長するために大切なものということから「ポピー」の名前が付けられたそうです。

何も考えていなかった？

☆ちなみに夏目漱石が小説タイトルに「虞美人草」と付けたのは、連載小説をどうしようかと考えながら散歩をしていた時に、花屋の店先にあった花にふと目に留まり「この花の名前は？」と聞いたところ、それが虞美人草だったことから安易に決めたそうです。

小説の中でもこの花は、屏風の絵としてラストに1回登場するだけです。

きょうは何の日!?

●沖縄慰霊の日　●タイプライターの特許（1868）　●国際オリンピック委員会が設立（1894）　●有名なスリ、仕立屋銀次が逮捕（1909）　●南極条約が発効（1961）　●ビートルズがシングル「Help!」発売（1964）　●ゲーム機「NINTENDO 64」発売（1996）

June
6月
24

剣道は絶対にオリンピック競技にならない

1953年6月24日、文部省が高校以上の課外活動での剣道を認可しました。

剣道が禁止された8年間

☆剣道は江戸時代から行われてきましたが、第二次世界大戦後には柔道、剣道などは軍国主義に繋がるとしてGHQの指導の元、学校教育の中では禁止されていました。

1952年のサンフランシスコ平和条約によって日本の独立権が回復したことを受けて、翌年から学校での剣道が8年ぶりに復活しました。

五輪に剣道がない理由

☆日本古来の競技の中で、柔道は1964年の東京オリンピックから正式種目になりました。その時に公開競技として弓道と剣道も行われています。

弓道はアーチェリーという似た競技があるので正式種目にはなりませんが、剣道は一時期、オリンピックの正式種目にしないかと検討されたことがあります。

☆しかし「剣道をオリンピック正式種目にすべきではない」と反対したのは日本です。おそらく現時点では最も強いのは日本ですが、オリンピック競技となって勝敗に重きが置かれるようになると剣道本来の精神的な部分が失われる可能性があるというのが理由だそうです。

江戸時代の剣道はヘビー

☆現在、剣道というと竹刀を使い、さらに防具を着用して行います。江戸時代中期までは木刀を使って防具無しでやっていました。しかし木刀で試合をすると大けがも多いため、寸止めで終わらせるようになり、実際には打ち込むことをしなくなりました。それでは実戦的ではないという理由から竹刀を使うようになりました。

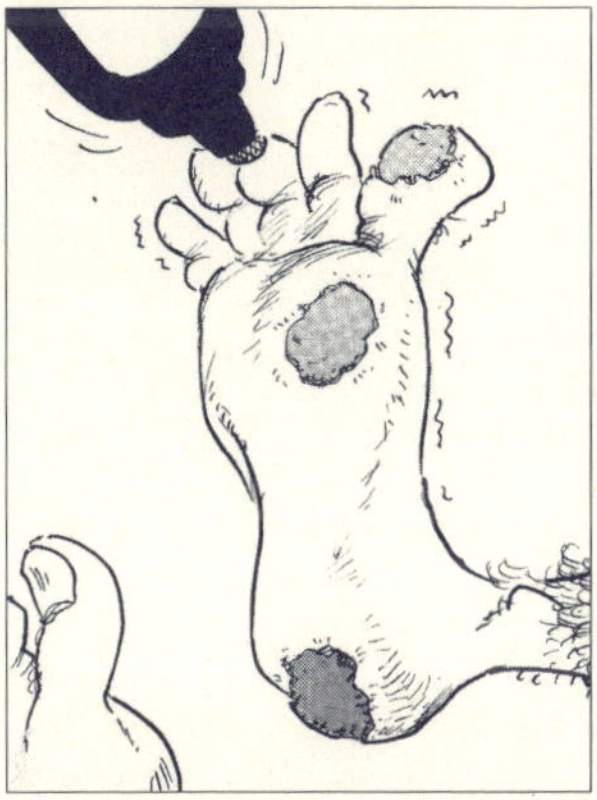

さらに防具として胸あてや面、小手が発明されたことで容赦なく相手に打ち込んでいく実戦的な試合が出来るようになったのです。

龍馬が強かった理由

☆しかし本格的な道場では「あんな安全な防具を付けての練習は邪道だ」と木刀を使っていたそうです。

現在の形の竹刀と防具を使った剣道を本格的に取り入れたのが江戸・神田にあった北辰一刀流だとされています。

坂本龍馬は、ここの門下生でした。そのため、常日頃から相手に打ち込んでいく練習をしていて実戦でも強かったと言われています。

フェイントで叫ぶのもあり？

☆剣道は面を打つ時に「面！」と自己申告をしますが、実はその時にルール上ではどんな声を上げてもいいそうで、打つ瞬間に声を発するのは集中力を高める効果があるそうです。だから「面！」と言いながら胴を打っても別に反則ではありません。

きょうは何の日!?

●イタリアでドレミを利用した階名唱法を考案(1024)　●アンリ・デュナンが赤十字活動を開始(1859)　●アメリカでUFO目撃談が新聞に掲載されブームに(1947)　●高校での剣道が復活(1953)　●阿蘇山大爆発(1958)　●小笠原諸島がユネスコ世界自然遺産に登録(2011)

June
6月
25

【サザンは、かつて「温泉あんまももひきバンド」と名乗っていた】

1978年6月25日、サザンオールスターズが「勝手にシンドバッド」でデビューしました。

グループ名が決まるまで

☆サザンオールスターズはアマチュア時代、グループ名を何度も変えていて「ピストン桑田とシリンダーズ」「温泉あんまももひきバンド」「脳卒中」などと名乗ったこともあります。

☆サザンオールスターズというバンド名は、アマチュア時代にイベントに参加した時に主催者の青学時代の友人・宮地氏が勝手に付けたもの。ライブ出演が決まっていたのに、ポスター制作時に名前が無かったので、適当に付けたそうです。

デビュー当時は

☆サザンのデビュー曲「勝手にシンドバッド」は真夏のイメージで、流行ったのも真夏と思いがちですが、ベストテンのスポットライトに出演したのは夏の終わりの8月31日。ベストテンには9月21日に9位に初ランクインして、11月30日までチャートインした秋から冬にかけてのヒット曲でした。

☆サザンオールスターズはデビューした当時、コミカルな曲調や言動から新聞で「桑田君をリーダーとしたコミックバンド」と紹介されたこともあります。

チャコって誰?

☆ヒット曲「チャコの海岸物語」のタイトルにもなっている「チャコ」とは、60～70年代の子供向け番組の「チャコちゃん」こと四方晴美のことではなく、60年代に「ルイジアナ・ママ」を歌っていた歌手・飯田久彦のニックネーム。

実は当時ディレクターを務めていたのが飯田久彦さんでした。

☆ちなみに淡路島では女性器のことを「チャコ」と言います。淡路島出身の上沼恵美子は、楽屋で「お茶子して」と言われ赤面したこともあるそうです。

25年かかった記録

☆発売からチャート1位になるまでの最長記録は、長らく山下達郎の「クリスマス・イブ」が打ち立てた6年6カ月でしたが、2003年にサザンがデビュー25周年記念でデビュー曲「勝手にシンドバッド」を再発した時に、初めて1位になったため、最長記録はこの曲の25年となりました。

「クリスマス・イブ」
1986年発売→1992年1位
「勝手にシンドバッド」
1978年発売→2003年1位

紅白でも記録残す

☆紅白歌合戦に紅組・白組両方での出演を一番最初に経験したのは原由子です。1979年にサザンオールスターズのキーボードとして、1991年にソロ歌手として紅組で参加しました。男性アーティストでは小室哲哉が初です。

きょうは何の日!?

●住宅デー　●日本初の映画雑誌「活動写真界」創刊（1909）　●ストラヴィンスキーのバレエ「火の鳥」初演（1910）　●築地本願寺が竣工（1934）　●朝鮮戦争勃発（1950）　●プロ野球初の天覧試合・長嶋茂雄のサヨナラ本塁打（1959）　●道路交通法公布（1960）

June
6月
26

【「日本人は自殺目的でフグを食べる」と思われている】

1909年6月26日、日本最初の薬学博士・田原良純（たはらよしずみ）氏がフグの毒を抽出して解明しました。

死にいたる4の数字

☆田原博士はそのフグ毒をテトロドトキシンと命名。フグは4枚の歯を持っていることから、ギリシア語で4を意味するテトラが元になった学名テトロードンティダエに由来しています。

なぜ河の豚？

☆フグは漢字で「河の豚」と書きますが、これは膨れた姿のことではなく、鳴き声がピーッピーッと豚に似ていることから。同じようにイルカを漢字で「海の豚」と書くのも鳴き声からです。

鉄砲・てっちりの語源

☆ふぐの別名「てっぽう」は「当たると死ぬ」という意味。その鍋を「てっちり」と言いますが、チリというのは身が鍋に入れるとチリチリッと縮むことからきています。

調理免許は47枚必要？

☆フグの調理には免許が必要なのは有名ですが、この調理免許は都道府県ごとに発行されるものなので、他県では調理できないことになっています。

武士は食べちゃダメ

☆江戸時代、武士がフグを食べるのを藩によって禁じている場合が多くありました。もしフグで中毒死をした場合、その死因の惨めさから「食事で死ぬとは武士にあるまじき行為」と家禄を没収する制度が諸藩で設けられていました。

聴覚は正常？

☆フグ中毒にかかると、全身がしびれて動くことも喋ることもできなくなってしまいますが聴覚だけは正常でいるらしいです。つまり応援メッセージは届くので「がんばれ」と声を掛けてあげましょう。

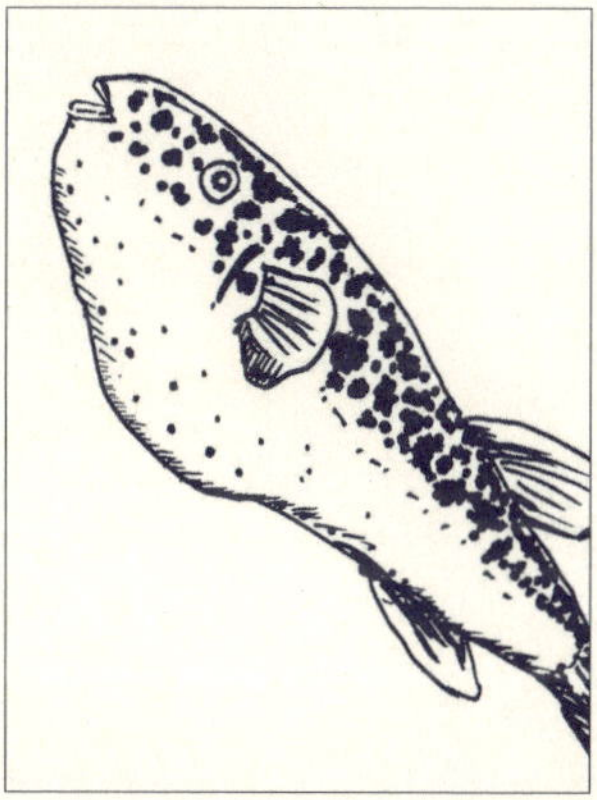

昭和天皇は食べさせて貰えない

☆昭和天皇は魚類の研究者として一部では有名で、「研究した魚は全部食べてみる。味を知らないと論文は書けない」というのが持論でしたが、フグだけは毒に当たる可能性のために食べさせてもらえませんでした。

明治時代に解禁

☆明治時代初期は、フグは危険なので政府が「食用は全面禁止」とおふれを出していました。これを「しっかりした調理法なら食べてもよい」と許可したのが伊藤博文です。ちなみに伊藤博文は、フグの名産地・山口県の出身です。

アメリカの辞書では誤解が…

☆フグは英語でグローブフィッシュと言いますが、アメリカの辞書「ウェブスター英語辞典」には別項目でそのまま「fugu」という項目があります。その解説文には「日本人は自殺目的で食べる」などという勘違いな記述があります。「eaten in Japan with suicidal intent」

きょうは何の日!?

●露天風呂の日　●ハーメルンの笛吹き男の元になった集団失踪事件（1284）　●台湾協会学校（拓殖大学）設立（1900）　●世界初の実用ヘリコプターが初飛行（1936）　●小笠原諸島が日本に返還（1968）　●オハイオで初のバーコード（1974）

June
6月
27

ギロチンの名前の由来者はすごく迷惑していた

2003年6月27日、音楽番組に出演したロシアの歌手t.A.T.uが「番組が自分たちの意図と違う」という理由で歌わずに帰るという事件が発生しました。わがままな行動ですが、「抗議のために拒否すること」を一般的には「ボイコット」と言います。

ボイコットは、された人の名前

☆1880年、アイルランドの地主チャールズ・カニンガム・ボイコット氏が借地料を値上げしたため、小作人が怒って排斥運動を起こしました。この事件から、人や物を排斥することを「ボイコット」と言うようになりました。

☆このように人物の名前から、別のとある状況を表す言葉が命名されることを「エポニム(eponym)」と言います。

ドーベルマンという人

☆動物に付けられたエポニムでは、猟犬で有名な「ドーベルマン」があります。これは複数の犬を交配して新しい犬種を作り上げたドイツ人のルイス・ドーベルマン氏の名前を付けたものです。

楽器制作者の名前

☆楽器に付けられたエポニムでは、金管楽器の「サクソフォン」の名前もそうです。これはベルギーの管楽器制作者のアドルフ・サックス氏によって考案された管楽器で、サックス氏の作った管楽器（フォン）という意味でサクソフォン（sax+phone）となったのです。

外交官の名前

☆煙草の成分「ニコチン」もエポニムです。フランスに煙草が入ってきた時代、外交官だったジャン・ニコが「成分の中には精神をリラックスさせる物質があり、健康になれる」とアピールしたのです。

そこから「ニコ」という言葉をとって、ニコチンと呼ばれるようになりました。

推奨者の名前が処刑道具に…

☆フランス革命時に考案された処刑道具「ギロチン」。発明者はルイス博士ですが、政治家ジョゼフ・ギヨタンが「短時間で処刑できて、受刑者に無駄な苦痛を与えない人道的な機械」と推奨しました。それがキッカケで、なぜかこの処刑道具に「ギヨタンの息子」という意味の「ギロチン」と付けられてしまったのです。

☆処刑道具に名前を付けられたことに不服だったギヨタンは、再三「名称を変更してくれ」と訴えたのですが、それが受け入れられず、無念のままギヨタンは亡くなってしまいます。その後も子孫は名前の変更を訴え続けましたが、最終的に下された答えは「あなたたちのギヨタンという苗字を変えることを許可する」というものでした。

☆ほかにもレントゲン、サンドイッチ、レオタード、ブルマ、リンチ、シルエット、カーディガンなどがエポニムです。

きょうは何の日!?

●世界初の女性週刊誌「ザ・レディス・マーキュリー」創刊(1693)　●天明の大飢饉・米屋を襲撃(1787)　●戊辰戦争・箱館戦争終結(1869)　●新貨条例公布で円・銭・厘が登場。1両=1円(1871)　●ロンドンバークレー銀行で世界初のATM(1967)

June
6月
28

【「むすんでひらいて」の作曲者は露出狂だった】

1712年6月28日は哲学者ジャン・ジャック・ルソーの誕生日です。

屈折した挙げ句の尻出し

☆ルソーは少年時代からやや屈折していました。少年時代に女性教師から体罰でお尻を激しく叩かれたことがあったのですが、その時に性的興奮を覚え、それを何度も思い出していたそうです。

そしてある時、若い女性が集まる場所に突然出現し、お尻を露出する事件を起こしています。思い余った末、女性に向けてお尻を出せば叩いてもらえると思ってしまったのです。

ひどい妄想癖

☆16歳の時に奉公先から逃げ出し、その後は職を転々としたのですが、逃げた経験からずっと「私は誰かに追われている」という妄想に悩まされ続けました。近づいてくる犬さえ「このなれなれしさは何かの罠だ」と怯えたそうです。

街の門番が急死した時も嫌疑が掛かっているわけでもないのですが「私がやったんじゃない。彼を解剖して調べてくれ」と訴え、友人が病気になった時も「私のせいじゃない」と弁解したのです。

教育しない教育者

☆ルソーは教育論の原典ともいえる「エミール」を書き、その中で「父親がいかにして子供に接するべきか」を説いていますが、自分の5人の子供は生まれるとすぐ孤児院へ預けており、子育ては一切していません。

哲学者より前に作曲家デビュー

☆ルソーは哲学者として有名ですが、実は若い頃から作曲もしていました。

最初に印刷されたルソーの作品は、25歳の時に作曲した曲の楽譜です。さらに日課として楽譜を清書する作業をしており、生涯に残した写譜は1万1185枚にもなります。これは1日1枚書く計算で30年以上かかる量です。

あの名曲の作曲者

☆哲学者ルソーは41歳の時、1753年3月「村の占い師」というオペラに関わり、パリのオペラ座で上演しています。そのオペラにあった曲が、後に童謡として知られる「むすんでひらいて」なのです。その曲をドイツの作曲家クラーマーが編曲しており、その後、アメリカで「ロディーおばさんに言っといで」という民謡としてヒットします。

さらに賛美歌としてもアレンジし直され、明治時代にアメリカ人牧師によって日本に紹介されています。

☆明治14年に小学校唱歌「見渡せば」として歌われますが、明治28年に軍歌調の歌詞に変えられた戦闘歌「見渡せば」になっています。そして第二次世界大戦後の1947年に、現在歌われている「むすんでひらいて」という歌詞が付けられ、子供に愛される童謡になったのです。

きょうは何の日!?

●曽我兄弟の仇討ち（1193）●江戸幕府が自由貿易の許可布告（1859）●カナダ太平洋鉄道の営業開始（1886）●第一次世界大戦のきっかけサラエボ事件（1914）●ヴェルサイユ条約の締結（1919）●坂本龍一「energy flow」インスト曲初のオリコン1位（1999）

June
6月
29

【ドリフは勘違いされた客の大歓声を浴びていた】

1966年6月29日、ザ・ビートルズが来日しました。本当は前日の28日の夜に到着する予定でしたが、台風のせいで1日遅れの29日深夜に到着しています。

武道館で初めてコンサート開催

☆ビートルズ日本公演は日本武道館で3日間・計5回開かれ、初日が夜だけ、2〜3日目が2回ずつ行われました。

武道館をコンサート会場に初めて使ったのがビートルズですが、当時、室内で最も多く客を入れることができる会場が武道館だったからです。

前座はドリフターズ

☆その5回公演すべてに毎回いろいろなアーティストが前座で演奏をしています。内田裕也、尾藤イサオ、寺内タケシ、ブルーコメッツなどのほか、ドリフターズもいました。

☆司会のE・H・エリックが冗談で「さぁお待たせしました、今や人気最高のグループ！　ザ・ドリフターズ」と叫んで、客を笑わせようとしたところ、「人気最高のグループ」で大歓声が起こって「ドリフターズ」と紹介した部分が聞こえなかったそうです。

ドリフは走ってステージに登場し、仲本工事がビートルズの持ち歌「のっぽのサリー」の1番だけを歌ったところで、いかりや長介の「退散！」の号令でステージから走り去っていくという演出で切り上げたそうです。

★志村が「引っ込め！」と叫んだ？

☆ステージから逃げ帰った時、長介さんのベースが舞台そでで待機していたビートルズにぶつかったのですが、実は長介さんはビートルズに全く興味が無かったので、それが誰だったか不明のままです。

☆一部うわさでは、会場でドリフに対し「引っ込め！」と叫んでいた客の中に、当時高校生だった志村けんがいたとされていますが、志村けんが見たのはドリフが出演した時とは別の日の公演です。

コンサート活動中止

☆ビートルズはこの日本武道館を含めた世界ツアーを最後にコンサート活動を辞めてしまいます。その理由の一つに、日本公演の後に行われたフィリピン公演が関係していると言われています。

☆フィリピン公演終了後に当時のマルコス大統領の夫人・イメルダが晩餐会に出ろと命令をしたのですが、それを断ったことから、ニュースで「ビートルズにひどい仕打ちをされた」とイメルダが泣き崩れ、晩餐会の会場ではビートルズが来ないと泣き叫ぶ子供たちの映像が流されたのです。

そのことから空港で愛国者たちに暴行を受け、挙げ句の果てにはフィリピンでの収益をすべて返すということで決着をつける羽目になっています。これがきっかけでコンサート嫌いになったと言われています。

きょうは何の日!?

●長篠の戦い（1575）　●九段坂上に戊辰戦争以来の戦死者を祭る招魂社を造営、現在の靖国神社（1869）　●第5回ストックホルム五輪、日本初参加（1912）　●礼宮文仁親王が結婚、秋篠宮家を創設（1990）　●初代iPhoneアメリカで販売開始（2007）

June
6月
30

【香港からやって来たアグネス・チャンはハトを見て「おいしそう」とつぶやいた】

1877年6月30日は作詞家・東くめの誕生日。代表作は「鳩ぽっぽ」です。

なぜ九が付いている?

☆ハトを漢字で書くと「九＋鳥」ですが、これはハトの鳴き声が「クークー」と聞こえることからです。ちなみにこの「鳩」という漢字は野生のハトを意味する漢字で、レース鳩など飼育されているハトは「合＋鳥」の「鴿」と書くのが正しいです。

ハトが標的だった競技

☆オリンピックのクレー射撃では標的のことをハトという意味の「ピジョン」と言います。これは、1900年に初めてオリンピック競技に射撃が採用された時、標的に本物のハトを使っていたことに由来します。2回目以降は円盤などを飛ばすようになったのですが、名称だけはそのまま残ったのです。

オリンピックでは必ずハト

☆オリンピック開会式ではハトが飛ぶ場面が印象的ですが、実は規定で、「開会式でハトを飛ばすこと」が決められています。1988年のソウル五輪では、聖火台に止まっていた数羽のハトが焼けてしまったという事件も起こっています。

伝書鳩が戻ってこない?

☆伝書鳩の帰還率、以前は約60％でしたが、2000年以降は約10％しか巣に戻らなくなっているそうです。

理由の一つは自然保護運動によってタカなどの猛禽類が繁殖して、襲われるケースが増えたこと。もう一つの理由は、ハトは体内に磁場を関知する能力を持っていて帰還できるのですが、高圧電線や携帯電話用の中継塔からの電磁波の影響を受けて迷子になるケースが増えているのです。

鳩サブレのモデルは

☆鎌倉名物の「鳩サブレ」は鶴岡八幡宮のハトがモデルです。ちなみに焼菓子の「サブレ」という名は、フランスにあるサブレという町で作られていたことに由来します。

キャラメルコーンとハト

☆菓子メーカーの「東ハト」は創業当時は「東京製菓」でしたが、他社と区別するために社長が好きだったハトをマークに使用しました。以降、問屋などから「鳩印の東京製菓」と呼ばれるようになり「東鳩製菓」となり、1996年に「東ハト」になったのです。

ハトを見て思わず舌なめずり

☆日本ではハトを見て食材と思うことはありませんが、香港など中華の国では食材としてポピュラーです。

1970年代初期にアイドル歌手として香港からやってきたアグネス・チャンは、雑誌グラビアの撮影で浅草に来た時、境内にたくさんいるハトを見てポツリ、「おいしそう…なぜみんな捕まえないの?」とつぶやいたそうです。

きょうは何の日!?

●第一次大隈重信内閣が発足、日本初の政党内閣（1898）　●アインシュタインが特殊相対性理論発表（1905）　●マーガレット・ミッチェル「風と共に去りぬ」出版（1936）　●AT&Tベル研究所がトランジスタを発表（1948）　●覚せい剤取締法公布（1951）

春夏秋冬 雑学こぼれ話

【蚊取り線香】

★「日本の夏、金鳥の夏」というCMと蚊取り線香で有名なあの会社の社名は「金鳥」ではなく「大日本除虫菊株式会社」。金鳥とは故事成語の「鶏口となるも牛後となるなかれ」からトップに立つ鶏の意味です。

★明治時代、ヨーロッパから「白花虫除け菊」という植物が入ってきました。これを燃やした煙を蚊が嫌うことから金鳥の創始者・上山英一郎が研究を重ね、明治23年にこの粉末を練り込んだ線香を「金鳥香」として売り出しました。

★名前通りまっすぐだった最初の線香は30分程で燃え尽きるため、長時間使えるように長くしたのですが、その反面折れやすくなりました。そこで悩んでいた時に奥さんが渦巻き型を提案、明治35年に現在の形が誕生しました。渦巻きを伸ばすと75cm。睡眠時間に合わせ、7時間燃え続けるように計算されています。

★江戸時代は乾燥させたカボスの皮を燃やして蚊避けに使いました。柑橘類の皮には蚊が嫌う成分シトロネールが含まれるからです。実はカボスは「蚊をいぶす」→「蚊イブシ」→「カボス」というのが名前の由来。漢字では臭いダイダイ「臭橙」と書きます。

★蚊取り線香を入れる蚊遣り器と言えばブタの形ですが、江戸時代に作られた元祖は、イノシシ形でした。イノシシは防火の神様・火之迦具土神（ほのかぐつちのかみ）の使いと言われ、火事予防の意味があったのです。

雑学王 知泉の

日めくりうんちく劇場

雑学カレンダー 7月編

営業のムラタです

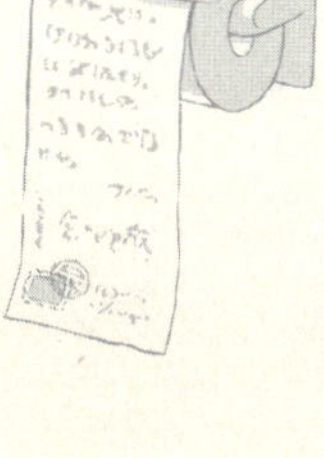

July
7月
1

【グリコという名前は、牡蠣エキスに含まれるグリコーゲンから】

1908年7月1日、森永製菓がキャラメルを発売しました。

キャラメルとラーメン

☆キャラメルの語源はラテン語で植物の葦を意味するキャルムス(calamus)です。特定の種類の葦を煮出すと砂糖がとれるのですが、そこからポルトガル語では「甘い物」をキャラメロ(caramelo)というようになりました。この葦を意味するキャルムスという言葉からは、夜泣きソバでお馴染みのチャルメラという言葉も生まれています。こちらは葦を使って作った笛という意味です。

日本ならではの特色

☆キャラメルを日本で最初に製造販売したのは森永製菓です。創業者・森永太一郎がアメリカに留学した時に食べて感激し、帰国後に製造を開始したのです。しかし高温多湿な日本ではすぐベタ付いて取り扱いが難しかったそうです。

そこで考案したのが現在のワックスペーパーというツルツルの紙で1個ずつ包む方式なのです。

箱入り娘になりました

☆キャラメルは最初はバラ売りでした。箱入りで売り始めたのは森永ミルクキャラメルが最初です。1911(明治44)年に開場した帝国劇場は、劇場内での飲酒・飲食が禁止でした。そこで、口寂しいという人のために箱で持ち込めるお菓子として考案したものでした。

滋養強壮のキャラメル

☆1919(大正8)年には、グリコのキャラメルが登場します。グリコは子供の健康管理のため、お菓子に栄養素を加えることを常に考えていましたので、発売された当初、牡蠣の煮汁から取った栄養素を加えていました。グリコという名前自体が牡蠣のエキスに多く含まれるグリコーゲンから取られています。

物足りないので入れてます

☆キャラメルには表面に網目模様がありますが、実はあれは一粒ずつ人間の手で切っていた時代に、大きさを揃えるための目安でした。その後、機械で自動的に切ることができるようになったことで網目が無くなったのですが、多くの人から「網目がないと何かシックリ来ない」というクレームが寄せられ、現在はデザイン的な意味で網目を入れています。

やさしさに包まれたなら

☆ユーミンが荒井由実だった1974年に発表された名曲「やさしさに包まれたなら」は、もともと不二家の「ソフトエクレア」という商品のCMソングとして依頼され作った曲です。

「ソフトエクレア」という商品を理解した上で作った曲で、クリームがキャラメルに包まれていることを「やさしさに包まれたなら」と表現したのです。

きょうは何の日!?

●古代オリンピック第1回大会(紀元前776)　●「日本書紀」完成(720)　●東海道本線が全線開通(1889)　●児童文芸誌「赤い鳥」創刊(1918)　●メートル法施行(1924)　●富士山頂での気象観測開始(1932)　●日本で郵便番号導入(1968)　●ウォークマン発売(1979)

KEYWORD／**たわし**

July
7月
2

【タムラさん、ナリタ君、ニシオ君…全員たわしです】

1913年7月2日、亀の子束子西尾商店・西尾正左衛門が「亀の子たわし」の特許を取得しました。

語源

☆「たわし」という名称は、江戸時代などに、ワラなどを束ねた物を使っていたことから「手藁（てわら）」と呼んでいたのが変化して、「たわし」となったと言われています。

最初は靴拭きマット

☆もともと創業者の西尾正衛門はシュロの繊維を使った玄関の靴拭きマットを考案して販売していました。この当時は日露戦争の特需があり、高景気だったことから大量に注文がありましたが、人が乗ると毛先が潰れてしまい、すぐ使えなくなると大量に返品されてしまったそうです。

亀の子たわし誕生秘話

☆大量の在庫を抱えていたある時、奥さんが障子の張り替えをする際にこのマットの切れ端を使って障子の桟を磨いていました。人間が体重をかけると潰れてしまうけれど、手に持って使う道具なら大丈夫だろうということで、現在の亀の子たわしが誕生したのです。

☆現在はパームやしの繊維を使って年間600万個も製造されていますが、今でも職人の手作業にこだわっているそうです。

特許の前に

☆1907年（明治40）に発明された亀の子たわしですが、基本構造は簡単なのですぐに真似た商品が出るだろうと想定し、特許取得を考えました。しかし当時は特許を取ると15年しか特許権が保護されなかったので、まず1908年に「実用新案」として出願しています。これも特許と同じように保護されるものです。そして権利期間6年が終了する直前の1913年（大正2）に特許を取得しています。これによって21年間法律に守られることとなり、その間に亀の子たわしは一大ブランドに成長していったのです。

「亀の子」命名の理由

☆ちなみに「亀の子」と名付けられているのは、形がカメに似ているということだけではなく、水に縁があって長寿＝長持ちするという意味が含まれています。

変な名前の商品たち

☆その亀の子束子西尾商店の商品の中には変わった物があります。体を洗う時に使うたわしなのですが「タムラさん」「ナリタくん」「ニシオくん」「サトオさん」と名前が付けられています。

　これらは体を直接洗うタワシに愛着を持ってもらおうと付けられた名前なのです。ニシオは社長の苗字ですが、それ以外のタムラ、サトオというのも社員の苗字から付けたそうです。

きょうは何の日!?

●うどんの日　●本能寺の変（1582）　●安政のマラソン（1855）　●イギリスで救世軍が創立（1878）　●金閣寺放火事件（1950）　●日本がユネスコ加盟（1951）　●学園紛争・東大安田講堂バリケード封鎖（1968）　●南北ベトナムが統一（1976）

July
7月
3

【大昔、流れ星のことを「天狗」と呼んでいた】

1967年7月3日、ドラマ「コメットさん」がTBS系で放送開始。主演は九重祐美子さんでした。

轟音と共に落ちてくる天ツ狗

☆コメットとは隕石のことです。平安時代には流れ星のことを「アマツ・キツネ」と呼び、空を雷のような声を上げて飛んでいく得体の知れない生き物と思われていました。この「アマツ・キツネ」は天ツ狗と漢字で表され、後に「天狗」と呼ばれるようになります。

最も古い記録

☆最も古い天狗の記録は「日本書紀」に書かれている西暦637年のものです。

そして平安時代の終わり頃に人間の形をした天狗が考え出され、鞍馬山に住んでいるという伝説が誕生したことから、源義経（牛若丸）が剣術の稽古を受けたという話になっていくのです。

死亡した人の数は…

☆流れ星が地球上に落ちてくると隕石となります。多い年は年間で150トンほど落ちて来ますが、ほとんどが大気中で燃え尽きます。記録に残っている限り、これまでに隕石に直接当たって死亡した人は7人だけだそうです。

奇跡の記録

☆隕石に当たって助かった人物で記録に残っているのは2人だけです。1954年、アラバマ州で屋根を突き破り天井に穴を開け、ラジオにぶつかってはねかえった隕石が主婦の腰にぶつかったという記録があります。直接ぶつかったわけではありませんが「落ちてきた隕石にぶつかり生きていた人」の一人目です。

2009年に、ドイツで少年の左手甲を隕石がかすったのが二件目の記録です。

日本一の隕石

☆日本にもいくつか燃え尽きずに落ちてきた隕石があり、現存する日本最大の隕石は、1850年に岩手県気仙沼に落ちたものです。落ちてきた時は135kgもあったのですが、村人がお守りにと削り取っていき、現在は106kgになっていますが、それでも日本一の大きさです。

世界一の隕石

☆落下した隕石の中で最も大きいのは1920年に発見されたアフリカ・ナミビアに8万年前に落ちてきたもので、60トンもあります。

隕石で作った斬鉄剣

☆ちなみにルパン三世に出てくる石川五右衛門の日本刀「斬鉄剣」は隕石で作ったもので、どんな硬い物でも斬ることができます。

実は本当に隕石で作った日本刀があります。それは幕末に活躍した榎本武揚が明治23年に富山県で発見された隕石を使って作った「流星刀」という日本刀です。切れ味は、実際に使ったことがないので不明とのこと。

きょうは何の日!?

●波乗りの日　●学術雑誌「サイエンス」創刊（1880）　●大阪新世界ルナパークに初代通天閣が開場（1912）　●浅草国際劇場が開場（1937）　●明治神宮外苑でソフトクリームの販売（1951）　●映画「バック・トゥ・ザ・フューチャー」公開（1985）

July
7月
4

不思議の国のアリスは日本では「愛ちゃん」、「美イちゃん」

1862年7月4日は、ルイス・キャロルが近所に住んでいた女の子アリス・リドルちゃんに、アリスが主人公の「不思議の国のアリス」を語り始めた日です。

日本でも大人気作

☆「ふしぎの国のアリス」は1908（明治41）年に「ありす物語」というタイトルで日本に紹介されていますが、さらに2年後の1910（明治43）年に「愛ちゃんの夢物語」として紹介されています。

　この中ではアリスをもっと日本人に親しみやすいようにと「愛ちゃん」に改名しています。

順番が逆だったけど

☆「ふしぎの国のアリス」には続編で「鏡の国のアリス」があります。実は日本には続編の方が「鏡世界」というタイトルで、9年も早い1899（明治32）年に紹介されました。

日本に帰化した登場人物

☆この「鏡世界」での登場人物名は、実に日本人に分かりやすく変えられています。アリスは「美イちゃん」、猫のダイナは「トラ」、そして卵の形をしたハンプティ・ダンプティは「権兵衛」です。

☆さらに1921（大正10）年に西条八十も翻訳しているのですが、そこではアリスは「あやちゃん」、猫のダイナは「たま」、そしてハンプティ・ダンプティは何故か「丸長飯櫃左衛門（まるながめしびつざえもん）」というトンデモない名前になっています。

印象の違うタイトルで

☆白鳥に乗って小さくなった少年が空の旅をする「ニルスのふしぎな旅」が大正7年に訳された時のタイトルは、「飛行一寸法師」でした。

翻訳小説はいろいろと大変

☆日本で初めてシャーロック・ホームズが翻訳された時、登場人物は全部日本名に置き換えられました。そして「六つのナポレオン像」は「六つの乃木将軍像」と改題されていました。

分かり易いように改名

☆明治時代に「ピノキオ」が紹介された時のタイトルは「あやつり人形物語」で主人公は「桧丸（ひのきまる）」。桧男（ひのきお）でも良かったのではないかと思ったりするワケですが。

子供が書いた子供向け小説

☆ピノキオが1冊の本として日本で発行されたのは1920（大正9）年で、タイトルは「チノピヨ」。訳者は西村アヤという12歳の少女でした。西村アヤさんのお父さんは文化学院創始者の西村伊作さんで、お父さんがアヤさんに「海外にはこんな面白いお話があるんだよ」と簡単に訳したストーリーを話したことから興味を持って、英文の原作を全部自分で訳して、さらにイラストも自分で書いて絵本として出版したのです。

きょうは何の日!?

●梨の日　●鎌倉幕府が滅亡（1333）　●アメリカ独立宣言（1776）　●戊辰戦争、上野戦争（1868）　●特撮「マグマ大使」放送開始（1966）　●首都高速が完成、都心環状線が全線開通（1967）　●NASA探査機「マーズ・パスファインダー」火星に着陸（1997）

July
7月
5

ヤシの実で作ったビキニはある意味正しい

1946年7月5日、フランス・パリで初めてビキニの水着が発表されました。

衝撃的な水着が登場！

☆第二次世界大戦が終わった翌年、パリで、「これ以上布が少ない水着は無いんじゃないか？」という水着が発表されました。これをデザインしたルイ・リードはこの衝撃的な水着の名前を何にしようかと考えていたのですが、発表会の4日前にアメリカが原爆実験を行ったというニュースが衝撃的に飛び込んできました。そこで実験のあったビキニ環礁の名前から「ビキニ」と命名したのです。

実はアルバイトデザイナー

☆このビキニのデザインを考えたルイ・リードの本職は自動車エンジニアでした。母親が下着メーカーを経営していたことからアルバイトで考えたものです。

どこか共通点のある名前

☆実はこのビキニ発表の1カ月前に、同じような水着が同じくフランスで発表されていて、それが小さいということから、「原子」という意味の「アトム」と名付けられていました。そのこともあって、それよりもっと衝撃的だという意味を込めてビキニと名付けたのです。

ビキニを着て人気者に

☆この衝撃的な水着の発表会はパリの室内プールで行われたのですが、この水着を着る勇気のあるモデルがいなかったためにシュリーヌ・ペルネルディというヌードダンサーが起用されました。この水着を着た写真が新聞に掲載された後、彼女のもとには約5万通のファンレターが寄せられました。

☆ちなみに元祖ビキニの柄は、新聞の柄でした。

あまりにもエロいので

☆衝撃的に登場したビキニですが、当時の感覚ではデザインが過激すぎてほとんど着用する人がいませんでした。

発表から15年以上経った60年代初期まではアメリカでは一般のビーチでの着用が禁止されていました。

☆日本には50年代初期に紹介されていましたが、一般的に着られるようになったのは70年代中期だとされています。

ある意味正しいワケ

☆ビキニという水着の名前の由来は冒頭に書きましたが、そもそもビキニという地名は現地のマーシャル語で「ヤシの木」という意味なのだそうです。

ビキニ環礁は今

☆そしてビキニ環礁は、繰り返し水爆実験が行なわれてきたので、現在は全部吹き飛ばされてしまい、今では何も残っていないただの海になっています。

きょうは何の日!?

●ニュートン「ブリンキピア」刊行（1687）　●東京電燈会社が開業（1886）　●ランチョンミート缶詰「SPAM」販売開始（1937）　●萬代屋（バンダイ）創業（1950）　●世界初のクローン羊ドリー誕生（1996）　●原宿の歩行者天国（ホコ天）廃止（1998）

July
7月
6

【サラダ味は、サラダ油味のことである】

「この味がいいねと君が言ったから七月六日はサラダ記念日」と、1987(昭和62)年に俵万智さんが発表した歌集の中で歌ったことから、この日をサラダ記念日と言うようになりました。

サラダの語源

☆「サラダ(Salad)」の語源は、野菜に塩をかけて食べたことから「塩(Salt)」に由来しています。

サラダ味ってどんな味?

☆おせんべいにある「サラダ味」は、サラダの味ではなくサラダ油味です。これは1960年代に登場した味ですが、それまでの塩味が和風だったのに対して、ちょっと高級感を出したかったことから「サラダ味」を考案したのです。

例えば江崎グリコが1969年に発売した「プリッツ・サラダ」もオーブンで焼き上げた後、サラダ油をスプレーしてあの味を出しているそうです。

サラダ油と天ぷら油の違い

☆ちなみに「サラダ油」と「天ぷら油」は名前の印象で別物と思われがちですが、成分的にはほとんど変わりません。

ただサラダ油は低温で固まらないことが条件になっていて、簡単に言えば零度の場所に5時間半置いても固まらないのがサラダ油、固まるのが天ぷら油ということになります。

1000の島ドレッシング

☆ドレッシングの種類に「サウザンアイランド」があります。「1000個の島」という意味ですが、これは北アメリカ大陸・五大湖に注ぐセントローレンス川に浮かび、1000個あると言われる島のことです。

クリームソースの中に細かく刻んだタマネギやピクルスなどの野菜が混ざったドレッシングの見た目と、細かい島が点在している様子が似ていることから「サウザンアイランド」という名前が付けられたそうです。

シーザーさんのサラダ

☆サラダの種類に「シーザーズサラダ」があります。レタスをメインに、塩・コショウ・レモン汁・オリーブオイルをかけ、パルメザンチーズとクルトンをトッピングしたサラダですが、これはジュリアス・シーザーとは関係ありません。

1924年、シーザー・カーディニという料理人が、アメリカ独立記念日のパーティーの席上、ドレッシングの材料が切れた時にあり合わせの材料で作ったのが元祖とされています。

二人だけのサラダ

☆レタスだけのシンプルなサラダを「ハネムーン・サラダ」と呼びます。これは「レタスのみ」という英語「レタスアローン」が「二人きりにしておいて(Let us alone)」と聞こえるためのダジャレから誕生しました。

きょうは何の日!?

●承久の乱が終結(1221)　●笹子トンネル貫通(1902)　●東京大学安田講堂が完成(1925)　●ゼロ戦の初試験飛行(1939)　●下山事件(1949)　●アナタハンの女王事件(1951)　●ジョン・レノンとポール・マッカートニーが出会う(1957)

July
7月
7

【山田耕筰も与謝野晶子もカルピスの売り出しに関わっていた】

1919（大正8）年7月7日、「カルピス」が発売されました。

色が反転した理由

☆カルピスのパッケージというと白地に青い水玉模様がおなじみですが、発売当初は天の川をイメージしたデザインで、青色に白の水玉模様でした。

この色が逆転したのは、戦時中の発売停止が解禁された時。白地に青の水玉の方がインク代がかからないという理由で変更されたものと言われています。

著名な作曲家が命名

☆カルピスは創業者の三島海雲がモンゴルで飲んだ発酵乳がおいしかったことと、長寿の秘訣だということを気に入って考案したものです。カルピスという商品名は「カルシウム」とサンスクリット語でヨーグルトを意味する「サルピス」を組み合わせたものですが、最終的に「カルビス」「カルピル」「カルピス」の3つが候補に挙がって決めかね、童謡「赤とんぼ」などで有名な作曲家・山田耕筰に選んで付けてもらったものです。

英語圏では違う名前で販売

☆英語圏では「カルピス」という名前は、「カル」が牛「カウ（cow）」に聞こえ、さらに「ピス」がオシッコを意味する「ピス（piss）」に聞こえるということから「カルピコ」という名前で売られています。

キャッチコピーの意外な作者

☆カルピスが発売された当時、「カルピスは 奇しき力を人に置く 新しき世の健康のため」というキャッチコピーが使われていましたが、これを考えたのは与謝野晶子です。実は旦那の与謝野鉄幹がまったく売れず借金ばかり作っていたので、とにかくどんな仕事でも引き受けていた時代のコピーなのです。

不健康な飲み物？

☆70年代初期、カルピスのCMに出演していたのはアメリカの音楽一家「オズモンドブラザーズ」。CMの依頼のためにカルピスをアメリカに届けたのですが、最初彼らはそれを原液で飲んでしまい、「こんなに体に悪そうな飲み物のCMは出来ない」と断りを入れてきたといいます。

技術革新で進化

☆1991年に味の素（AGF）はカルピス食品を子会社として取り入れていますが、その結果、味の素の研究チームがカルピスを飲んだ時に口の中に残る白い塊を少なくする技術を考案しています。その技術によって「カルピスウォーター」が誕生しました（カルピスウォーター」には「業務提携：味の素株式会社」というクレジットが入っています）。

★七夕ならでは

☆ちなみに7月7日は織姫（コト座のベガ）と彦星（ワシ座のアルタイル）が1年に1度デートをする日ということで、気象庁には毎年「今晩の何時頃が最も接近しますか？」という問い合わせが来るそうです。

きょうは何の日!?

●七夕、乾麺の日、浴衣の日　●長崎造船所が創業、後の三菱重工業（1884）　●日中戦争の発端、盧溝橋事件（1937）　●石原慎太郎・青島幸男・横山ノックらが政治家に（1968）　●日本初のファミレス・すかいらーく国立店開店（1970）　●田中角榮が総理大臣に（1972）

July
7月
8

元祖コンタクトレンズは10円玉サイズだった

1931年7月8日、メニコン創業者・田中恭一さんが愛知県に誕生しました。

愛知県で誕生

☆田中恭一さんは日本で初めての角膜コンタクトレンズを考案した人物です。会社名「メニコン」は「目に、コンタクトレンズ」から付けられています。

☆第二次世界大戦が終わった直後、愛知県の眼鏡屋「玉水屋」に勤務していた田中さんは、アメリカ軍の将校夫人と出会ったことでコンタクトレンズの研究を始め、1951年に現在の角膜コンタクトレンズを日本で初めて完成させています。そのため玉水屋には「日本で最初のコンタクトレンズ誕生の地」という記念プレートが掲げられています。

実は元祖はその1年前？

☆田中さんが考案したのは「角膜コンタクトレンズ」ですが、実はその1年程前に別の形でコンタクトレンズが同じ愛知県で誕生しています。考案者は名古屋大学眼科勤務の水谷豊先生です。患者だった高校生が0・02くらいの視力のせいで勉強が困難だということから、アメリカなどで研究が進んでいた目に直接レンズを装着するコンタクトレンズの開発を開始したのです。

☆そして1950年に右目0・9、左目0・4程に見えるレンズを考案しています。しかしレンズサイズが直径24㎜と10円玉とほぼ同じ大きさの物で目に装着するのもひと苦労でした。それから1年後に田中さんが考案した現在の黒目と同じサイズの「角膜コンタクトレンズ」が完成したのです。

☆水谷先生はその後も研究を続け、現在の日本コンタクトレンズ（略称ニチコン）を創業しています。つまり、コンタクトレンズの日本初、そして実質的な日本初は共に愛知県生まれなのです。

世界初開発と世界初考案

☆世界初のコンタクトレンズは1877年にスイスのA・E・フィック医師が開発したものです。しかし原理を最初に記録したのは16世紀のレオナルド・ダ・ヴィンチ。「眼のきまり」という著書の中で水を使って湾曲したレンズ効果を得るソフトコンタクトレンズ方式を考えています。しかし当時の技術では実現化できずにアイデアだけで終わっていました。

伊達メガネ

☆メガネメガネ…というギャグがおなじみだった横山やすしのメガネは基本的に伊達メガネ。実はコンタクトでしたが、イメージ作りで伊達メガネを掛けていました。お笑い芸人は実際に眼が悪くてもメガネのレンズが反射して眼の表情が見えにくくなるため伊達メガネを掛けることが多いです。きゃい～んの天野さん、さま～ずの大竹さんも伊達メガネです。

☆ウッチャンナンチャンはデビュー当時「お前ら顔にインパクトが無いからメガネを掛けろ」と言われ、目が悪くないのに内村さんはメガネを掛けていました。

きょうは何の日!?

●質屋の日　●黒船来航（1853）　●池田屋事件（1864）　●明治生命保険が設立（1881）　●東京都「雑草の食べ方」講習会（1945）　●特撮「人造人間キカイダー」放送開始（1972）　●日本人女性初の宇宙飛行士、向井千秋が宇宙へ（1994）

July
7月
9

【NHKでは、本当はジェットコースターと呼べない!?】

7月9日はジェットコースター記念日です。1955年、後楽園遊園地に日本初のジェットコースターが設置されました。

ウィーンでロシア?

☆世界初のジェットコースターは、1873年のウィーン万国博覧会で設置されたものだと言われています。元祖はジェットコースターではなく「ロシアの山」という名前でした。

明治時代のジェットコースター

☆日本初上陸は1890（明治23）年「第3回内国勧業博覧会」で設置されたものです。これはイベント用のもので短期間で撤去されています。もっともこの時代はトロッコが上下するレベルのもので、スリルのある乗り物ではありませんでした。

常設の日本初は宝塚

☆日本初の常設ジェットコースターは1952（昭和27）年12月20日に宝塚新温泉遊園地に設置されたものですが、輸入品で名称は「ウェーブコースター」と言いました。

浅草花やしきのアレ

☆現存する日本最古のジェットコースターは宝塚温泉の翌年、1953年に浅草花やしきに設置されたものです。「ロケットコースター」という名称で国産初のマシンです。この常設2号機はその後何度も改良はされていますが、現在でも現役です。

後発なのに日本初?

☆1955年の登場で後発のはずの後楽園遊園地のジェットコースターが「日本初」と名乗っている理由は何かというと、実は「ジェットコースター」という名称にあります。これは後楽園遊園地で考案された名称なのです。

正式名称は何?

☆そもそも「ジェットコースター」という名称は日本だけの呼び方で、株式会社平和の登録商標。正式名称は1952年の宝塚新温泉遊園地でも付けられた「ウェーブコースター」なのです。アメリカでの一般名称は「ローラーコースター」、イギリスでは「スイッチバック」となっています。ちなみに台湾では「雲霄飛車」です。

映画タイトルでは

☆アメリカ映画で「ジェットローラーコースター」という作品がありました。原題は「ローラーコースター」でしたがそれでは分かりにくく、ジェットコースターだけだと登録商標になってしまうことから苦肉の策で「ジェットローラーコースター」となりました。

必ず戻ってくることが重要

☆ジェットコースターは基本的に乗った場所に戻って来ますが、たとえば乗り場と降り場を違う場所にすると、移動するための交通手段とみなされ国土交通省の許可が必要になります。

きょうは何の日!?

●テニス第1回ウィンブルドン選手権大会開催（1877）　●東京YMCAに日本初の室内温水プール（1917）　●杉原千畝が日本通過ビザを発行、日本のシンドラー（1940）　●キヤノン完全自動化カメラ「スナッピィ50」発売（1982）

July
7月
10

【関西で嫌われる納豆は、関西生まれ】

7月10日は納豆の日です。

関西でも食べて欲しい！

☆1981（昭和56）年に関西納豆工業協同組合が関西地区での納豆消費拡大を目指して設けた地元限定の記念日でしたが、1992年に全国納豆協同組合連合会が改めて「納豆の日」と制定、全国的に記念日になりました。

生産量日本二位は

☆納豆の生産量日本一が茨城県水戸市なのは誰でも納得できる話。意外なのは生産量二位は、志村けんでお馴染み東京都東村山市です。

アノ人も注目！

☆栄養バランスが良く「完全食」と言われる納豆にナチスドイツのヒトラーも注目し軍隊食に取り入れようとしたのですが、パン食のドイツでは定着しませんでした。

九州では昔から食べていた？

☆以前は関西以南では納豆はあまり食べられてなかったのですが、九州の一部では昔から食べられていました。これは鎌倉時代に太宰府へ流された安部宗任が伝えたものとされています。

関西でも昔から食べていた？

☆関西では納豆は食べないと言われていますが、江戸時代、1690年頃の元禄初期に上方で出版された「人倫訓蒙図彙（じんりんきんもうずい）」の中で京の町を納豆売りが歩いていることが書かれています。実はこれ、江戸の町に納豆売りが登場するのより早いのです。当時、納豆は汁物の具として愛用されていました。

☆関西＝納豆嫌いは80年代に明石家さんまさんなどが大げさに言ったことがかなり影響しています。実は京都では江戸時代に納豆を作っていた店もあり「牛若納豆」「紫竹納豆」という130年以上の歴史を持つメーカーも存在しています。

そもそも関西生まれ？

☆京都市右京区の常照皇寺（じょうしょうこうじ）が納豆発祥地という説があります。南北朝時代（1300年代）、光厳天皇が修行をしていた時に村人が味噌を造るために豆を献上したのですが、保存した豆が糸を引いてしまいました。しかし村人の献上品を粗末にできないと塩を掛けて食べたところ美味だった。これが納豆の始まりだとも言われています（他の説もあり）。

野菜より多い食物繊維

☆日本と韓国ぐらいでしか食べられないと言われるゴボウは、繊維質豊富な食材ですが同量の納豆の方が繊維質は2・5倍も多いそうです。ゴボウ50g中の繊維質は1・79gですが、納豆50g中には4・8gもあります。しかも納豆には腸の働きをよくするパントテン酸が含まれるので便秘解消目的で繊維質を摂取する場合は納豆の方が有効です。

きょうは何の日!?

●蘇我入鹿が暗殺（645）　●「東京朝日新聞」創刊（1888）　●タクシー自動車株式会社が設立（1912）　●岩波文庫創刊（1927）　●文化放送、初の深夜放送を開始（1954）　●情報誌「ぴあ」創刊（1972）　●アウン・サン・スー・チーが6年の自宅軟禁から解放（1995）

July
7月
11

【黄門様は、動物が大好きな綱吉に嫌がらせをした】

1628年7月11日（旧暦寛永5年6月10日）、徳川光圀、いわゆる水戸黄門が誕生しました。

一番の遠出は熱海？

☆水戸黄門が諸国を漫遊したというのは江戸時代の終わり頃に講談として考えられた話。本当の水戸光圀は、江戸と水戸藩の往復がほとんどで、全国を旅していません。

その光圀が最も遠くへ出かけたという記録は、少年時代に父親の徳川頼房と熱海に出かけたというもの。その時は温泉に入ったり海岸で貝拾いなどをした記録が残されています。

そして旅と言っても最初から最後まで駕籠に乗っていたようです。

不良だった少年時代

☆若い頃の光圀は、ヤンチャなただの不良青年で、町中でいきなり歩いている女性に抱きついたり、周囲から迷惑がられていたそうです。ギャンブルにも入れ込み、いろいろなトラブルも起こしていたようです。さらに相手とケンカになった時には、いきなり「水戸の公子と知ってのことか」と肩書きを名乗り、相手をビビらせて逃げたと言われています。

これはイザという時に印籠を出して相手を平伏させるのに通じます。

いきなりマジメ青年に

☆しかし18歳の時に中国の作家・司馬遷の「史記」を読んだことで、学問に興味を持ち、それ以降はマジメになったとされています。この「史記」の影響で日本の歴史についてまとめたモノを書かなくてはいけないと思い立ったそうです。

その書物は後に「大日本史」としてまとめられるのですが、その資料集めのために日本諸国へ使者を送って調査することになり、これが水戸黄門漫遊記の元ネタになっていくのです。

綱吉と仲が悪かった

☆この光圀さんの時代に将軍をしていたのが5代将軍・徳川綱吉です。

綱吉というと「生類憐れみの令」で有名ですが、その法律が庶民を苦しめていることに腹を立て、わざと牛肉や豚肉などを食べたり、さらに綱吉にイヌの毛皮20枚を送ったなどとされていて、かなり仲が悪かったそうです。

黒人の家来が二人いた

☆当時ポルトガル人が奴隷として黒人二人を連れて来たのですが、その二人を奴隷とは考えず「同じ人間」として、ちゃんと家来として迎え入れています。

この二人を当時未開だった北海道（蝦夷地）の調査に向かわせ、帰ってきた後はちゃんと召し抱えています。そして二人の子孫は幕末、水戸藩が廃藩置県で解体するまで仕えていたという記録が残されています。いろいろな意味で型破りな人だったようです。

きょうは何の日!?

●真珠の養殖に御木本幸吉が成功（1893）　●日本初の国産旅客機YS-11完成（1962）　●老人福祉法公布（1963）　●少年ジャンプ」創刊（1968）　●日本坂トンネル火災事故（1979）　●国連計算で世界人口が50億人を超えた（1987）　●アップル社のiPhone日本発売（2008）

July
7月
12

【ペットボトル飲料の元祖は醤油だった】

1950年7月12日、戦後5年のこの日、醤油が自由販売になりました。

薄口と濃口の違い

☆醤油には「薄口醤油」と「濃口醤油」があります。薄口醤油の方が体に良さそうなのですが、こっちの方が塩分が多く含まれています。というのも醤油は発酵食品で、発酵が進むと色が濃くなって香りが強くなります。

京料理などでは味や色を薄めにして素材の味を生かすことが多いので、色や香りが強いのは好まれません。

この発酵を抑える働きをするのが塩で、色や香りを抑えるために発酵途中で多く塩を加えるために、薄口醤油の方が塩分濃度が高くなってしまうのです。

ソイビーンズの語源

☆醤油は英語で「ソイソース」と言うのは結構有名ですよね。大豆のことを英語で「ソイビーンズ」と呼ぶのでそこから来た名前だと思いがちですが、この「ソイ」というのは日本語の「ショーユ」に由来する言葉で、大豆の「ソイビーンズ」というのも「醤油に使う豆」という意味なのです。

フランス料理の醤油

☆漫画「美味しんぼ」の初期の話に、日本人シェフがフランス料理の隠し味に醤油を使って、本場のフランス人シェフが「これはどうやって作ったんだ?」と驚く話があったのですが、17世紀、食通だったフランスのルイ14世の時代、既に醤油を肉料理の隠し味として使い、定番の味だったそうです。

この頃はオランダが長崎で醤油を大量に買い付けてヨーロッパに輸出していたそうで、古いフランス料理のレシピにも醤油を使うものがあるそうです。

キッコーマン世界進出

☆1956年のアメリカ大統領選挙の開票速報ニュースの際、キッコーマンが大量のテレビCMを流したことがありました。それからアメリカで一般的に有名になったそうです。

てりやき味の発明

☆醤油を使った「てりやき味」はハンバーガーでも定番の味です。これは1956年からアメリカで醤油の販売を開始したキッコーマンが「アメリカでもウケる味」として考案したもので、実際の和食にある魚の照り焼きの味とは別物です。そしてアメリカの辞書には既に「teriyaki」として載っています。

アレの元祖もキッコーマン

☆日本伝統の味「醤油」を積極的に世界に売り出していったキッコーマン醤油ですが、もっと画期的なことを1977年に国内で始めました。この年、キッコーマンが日本で初めてペットボトルを醤油の容器に採用しています。日本におけるペットボトル第一号はキッコーマン醤油だったのです。

きょうは何の日!?

●東京放送局(後のNHK)本放送開始(1925)　●国立東京第一病院で人間ドックが始まる(1954)　●ローリング・ストーンズがマーキークラブで初ライブ(1962)　●北海道南西沖地震M7.8。奥尻島に大津波(1993)　●映画「もののけ姫」公開(1997)

July
7月
13

【元祖サッカー選手権のスポンサーは紅茶屋さん】

1930年7月13日、第1回サッカーW杯がウルグアイで開催されました。

なぜウルグアイで？
☆南米ウルグアイという意外な国が第1回目の開催国になったのか。その理由の1つが、1924年のパリ五輪の時に「サッカーの世界大会を開きたいね」という関係者の話を受けて、「ウルグアイ建国100周年記念イベント」の一環として「滞在費を全額負担する」という条件を出したからです。
　この時に作られた会場は、エスタディオ・センテナリオとして現在もワールドカップ南米予選会場として使われています。

少なかった参加国
☆もっともワールドカップ第1回ウルグアイ大会に出場したのは、たった13カ国しかおらず、ヨーロッパからはわずか4カ国（ベルギー・フランス・ルーマニア・ユーゴスラビア）しか参加しませんでした。その理由は、「大西洋横断は冒険的」と渋った国が多かったからです。

腹いせに不参加
☆第2回イタリア大会は、初回とは違い32カ国が予選参加した盛大なものになりましたが、初回優勝のウルグアイは、自国での大会に多くのヨーロッパ諸国が不参加だったため、腹いせにボイコットしました。

強豪ならではのプレッシャー
☆1938年の第3回フランス大会では、イタリアの独裁者ムッソリーニがイタリア代表に対して「負ければ死あるのみ」と電報で指示、なんとか優勝して惨劇を免れました。

サッカー戦争
☆1970年のメキシコ大会の前年、犬猿の仲の隣国同士エルサルバドルとホンジュラスが予選で激突、審判の結果に不服なホンジュラス国民がエルサルバドルの大使館を焼き討ちにしたため、そのまま本当の戦争に発展したことがありました。その後、国連で「講和調印しなければ次回ワールドカップ出場権を剥奪するぞ」と脅され、嫌々ながら両国は和解しました。

権利は年契約
☆ワールドカップの映像はすべてFIFAに権利があり、これらは1年契約で放送できることになっています。そのため大晦日に放送していたものでも、正月以降に放送する場合は再度FIFAと契約し直さないと放送できないそうです。

あの紅茶屋さんが開催
☆FIFAワールドカップが始まる1930年以前は、欧州でのサッカー大会は「リプトン杯」といってイギリスの紅茶ブランド「リプトン」の創業者、トーマス・リプトンが自費で開催していました。

きょうは何の日!?
●ヴィクトリア女王がバッキンガム宮殿に移住（1837）　●日本標準時を制定（1886）　●ハリウッドの看板が設置（1923）　●映画「エクソシスト」日本公開（1974）　●ニューヨーク大停電（1977）　●アフリカ難民救済チャリティー「ライヴエイド」（1985）

July
7月
14

【大昔、日本は「ワクワク」という名前で地図に掲載された】

1970年7月14日、日本の呼び方は「にほん」なのか「にっぽん」なのかで揉めていましたが「にっぽん」に統一することで閣議決定しました。

現状は…

☆しかし実際にはそれ以前に名称が「ニホン」で定着していたものも多かったので、統一できずに今に至っています。

札幌五輪がキッカケ

☆1970年は札幌冬季五輪の年。この時にアルファベット表記で「ニホン(NIHON)」「ニッポン(NIPPON)」どちらで表すかで揉めたことから始まった話ですが、「ニホン」という発音は西洋人には難しかったからだとも言われています。

大学のニホン・ニッポン

☆大学の名称を見ても「ニッポン」と読むのは日本工業大学、日本体育大学など、「ニホン」は日本大学、日本医科大学、日本女子大学、日本福祉大学などがあり統一されていません。

放送業界のニホン・ニッポン

☆放送業界ではニホンが優勢で、NHKの「日本放送協会」「日本テレビ」「東日本放送」「西日本」「北日本」「南日本」「中部日本」がニホンで、ニッポンは「ニッポン放送」と「ラジオ日本」ぐらいです。

漢字表記は大宝律令の頃

☆「日本」という漢字表記が登場したのは大宝元年(701年)に制定された大宝律令によってです。

この時の読み方は「ひのもと」だったらしく、奈良時代ぐらいに音読みで「にほむ」になったとされます。室町時代にハッキリと「にほん」「にっぽん」と読まれるようになったとされていますが、当時の発音はハッキリ分かっていません。

ジャパン！

☆言語学者の中には「当時はポンの発音が無かった」と考えている人もいます。

マルコ・ポーロがジパングと呼んだのは「ジーポンコク」と聞いたからだとされ、この頃はポンと発音したのではないかとも言われています。このジパングが現在の英語での「ジャパン」になっています。

発音だけは不明

☆古いものでは「日本書紀(にほんしょき)」、東京にある「日本橋(にほんばし)」はニホンなので、日本の方が古いという学者もいて、この辺りは未だに決着がついていません。

ワクワクする国

☆ちなみに日本が世界地図に初めて登場したのは、1154年にムハンマド・アル・イドリーシーというアラブ人の地理学者が作った世界地図とされています。

その時の日本の名称はなぜか、「ワクワク(Wakwak)」となっています。どうやらこれは、中国での古い日本の呼び方「倭国」から来ているようです。

きょうは何の日!?

●バスティーユ牢獄を襲撃・フランス革命勃発(1789)　●アルフレッド・ノーベルがダイナマイトを発明(1867)　●東京日日新聞に日本初の求人広告(1872)　●火星探査機マリナー4号が火星に最接近(1965)　●東京スカイツリー起工式典(2008)

July
7月
15

【おっさんマリオが人気キャラになった意外な理由は？】

1983年7月15日、任天堂がファミリーコンピュータを発売しました。

空前の大ヒット

☆現在のテレビゲーム全盛の世を作るきっかけとなったハードですが、この時代に1万4800円という値段はかなり高価。最初は苦戦を強いられましたが、初年度で300万台売り、最終的には国内だけで約4356万台を売り上げる超ヒット作となりました。

ここだけの秘密が最初から

☆ファミコンの発売と同時リリースされた初回配付ソフトは「ドンキーコング」「ドンキーコングJr.」「ポパイ」の3種。

このうち「ドンキーコング」の1面で特定のハシゴの近くで樽をジャンプして避けると4500点が獲得できるという、説明書には書かれていない方法が発見され話題になりました。これがファミコン初の裏技。

おっさんがキャラに採用されたワケ

☆ファミコン創世記から現在に至るまで活躍し続けるマリオ。子供向けのゲームなのにヒゲのおっさんがキャラになったのは、当時のドットの荒いグラフィック技術では左右どちらを向いているのかをヒゲ顔の方が判別しやすかったからです。

リバイバル発売できないソフト

☆ビートたけしが出演した「たけしの挑戦状」は当時のままのリバイバル発売ができません。実はこのソフトには隠しコマンドとして「エンディング画面を30分放置すると真のエンディングを見ることができる」というのがあります。

しかし現在のテレビゲームには「ゲーム終了後、エンディング画面から無操作で1分以内でタイトルに戻らなければいけない」というルールがあるためです。

ファミコンは一日一時間まで！

高橋名人が逮捕された？

☆ファミコン全盛期にカリスマ的人気を誇った高橋名人が逮捕という噂が流れました。実はイベントで「今度一日署長をすることになって警察へ行くことになった」と喋った話の後半部分だけが伝わったものらしく、さらに一日警察署長がスケジュールの都合で流れてしまったため、余計に「警察へ行くことになった」が別の話として語られてしまったのです。

アイドルゲームの元祖は？

☆最近でもアイドルとコラボするゲームは多いですが、ファミコンのゲームで初めてアイドルが登場したのは「中山美穂のトキメキハイスクール」。

任天堂とソニーのライバルコラボ

☆任天堂のライバル、ソニーの「プレイステーション」という名前は、もともと任天堂のスーパーファミコンでCM-ROMゲームをプレイするためにソニーが開発していたマシンの名前。しかし諸事情ありその企画が流れ、その後ソニーが独自に開発したマシンにその名前を付けました。

きょうは何の日!?

●アドレナリン製法を高峰譲吉が特許取得（1901）　●宝塚唱歌隊設立、後の宝塚歌劇団（1913）　●日本共産党結成（1922）　●巨人×タイガース初対決（1936）　●ニッポン放送の本放送開始（1954）　●名古屋・世界デザイン博が開催（1989）

July
7月
16

【デブになるのがイヤだ!と廃業した力士がいる】

1972年7月16日、外国出身の力士・高見山大五郎が13勝2敗で初めて優勝しました。

元祖・外国人力士タレント

☆高見山は現在大活躍中の外国人力士タレントの元祖です。当時はラジカセのCMに出演してスーツ姿で踊ったり、丸八真綿のCM「ニバ〜イ、ニバ〜イ(二倍)」が流行語になるなど、とにかく愛された方です。

☆出身はハワイ州マウイ島で当時盛んに行われていた大相撲ハワイ巡業の最中にスカウトされ高砂部屋に入門、その3年後に十両に昇進しています。

アメリカ大統領も祝福

☆外国人で関取となったのは高見山が初です。それから5年後の1972年7月16日に前頭四枚目の時、ついに外国人力士初の優勝力士となっています。

　この快挙に対して、当時のアメリカ大統領だったニクソン大統領からも祝電が届けられています。

二人目の外国人優勝力士は?

☆次の外国人力士の優勝は、高見山の快挙から17年後の1989年、小錦の優勝までありませんでした。そう考えると大変な偉業だったのです。

食事に苦労

☆ちなみに高見山が日本に来て一番苦労したのは食事で、入門当時はちゃんこの味になじめず、何にでもケチャップをかけていたそうです。

　同じように曙も毎日醤油味の料理にウンザリし、何にでもケチャップをかけて味を誤魔化していたそうです。

過去の外国人力士

☆2013年3月現在、外国人力士は横綱の白鵬・日馬富士の2人を筆頭に42人いますが、過去を含めてこれまでに日本相撲協会に登録されているのは全部で149人です。

　モンゴル出身は43人、アメリカ人は30人、珍しい出身国ではカザフスタン、スリランカ、チェコ、パラグアイ、エジプト出身の力士もいます。

あんな風になりたくない!

☆過去にカナダ出身力士はたった一人。1985年にデビューした琴天山(ことてんざん)で、7戦全勝・24連勝と無敗を誇っていたのですが、次の場所直前に失踪し、その結果、引退してしまいました。失踪理由は「もうこれ以上デブになるのはイヤだ」ということだったそうです。

本当の元祖外国人力士

☆ちなみに記録によると、元祖外国人力士は戦前の1938年に入門した豊錦という日系2世のアメリカ人で、十両にまで昇進しています。戦後はマゲを切ってGHQ相手の通訳として活躍したそうです。

きょうは何の日!?

●アメリカの首都をコロンビア特別区に設置(1790)　●サリンジャー「ライ麦畑でつかまえて」発刊(1951)　●伊東絹子ミスユニバース3位(1953)　●アポロ11号打ち上げ(1969)　●フセインがイラク大統領に就任(1979)　●横浜ランドマークタワー開業(1993)

July
7月
17

東京ディズニーランドはミシシッピ河と繋がっている

１９５５年７月17日、アメリカのカリフォルニア州アナハイムにディズニーランドがオープンしました。

オープンをリポートしたのは？

☆オープン時に放送した特別番組でリポーターを務めていたのは、元ラジオアナウンサーだった俳優ロナルド・レーガンでした。当時は俳優の仕事も少なくなり、ＴＶタレントとしての仕事が多くなっていた時代です。

社員の保養所だった？

☆ディズニーランドの構想は第二次世界大戦以前からありましたが、最初はディズニー社の社員保養所で、ウォルト・ディズニーが大好きだった蒸気機関車がメインの遊園地という程度でした。

意外な人物も愛用

☆ミッキーのキャラクター時計の愛用者には意外な人物がいます。それは昭和天皇です。１９７５年にロサンゼルスのディズニーランドを訪れた時に贈られた物で、それ以降何度もその時計を着けている姿が報道されています。

★28年後に初の海外進出

☆その後、１９７１年にフロリダ州にもっと広いディズニーワールドを建設し、１９８３年には初の海外進出として、東京ディズニーランドが開園しています。

舞浜駅の秘密

☆東京ディズニーランド開園に合わせて新駅が誕生しました。当初、駅名は「東京ディズニーランド前駅」を予定していました。ところが本社が「ディズニーランドは園内ですべてが完結しており、園外にディズニーの名を付けるのは好ましくない」と許可しなかったそうです。それでディズニーワールドがある地名マイアミから「舞浜」という地名を考案し、駅名にしたのです。

日本とアメリカが繋がってる？

☆東京ディズニーランド内にあるマークトウェイン号が浮かぶアメリカ河は、ミシシッピ河と繋がっています。実は開園直前の3月、ミシシッピ河から空輸された一瓶の水を注ぎ込むイベントが行われています。これによってミシシッピ河とディズニーランド内のアメリカ河は同じ水が流れている――。つまり繋がっているということになっているのです。

外部とシャットアウトで夢の国

☆ディズニーランドは園内ですべてが完結しているという理想で作られており、家庭などで作ったお弁当の持ち込みも禁止となっています。

　他にも園内から外の景色が見えてはいけない配慮がされています。

　実は千葉に作る前に静岡県の清水周辺に作る構想もあったのですが、どうしても富士山が見えてしまうので断念したと言われています。ちなみに千葉は日本で最も高い山が無い県なのです。

きょうは何の日!?

●日本初の元号「大化」制定（645）　●「経済白書」発表「もはや戦後ではない」（1956）　●「ウルトラマン」の放送開始（1966）　●米ソの宇宙船初のドッキング（1975）　●キャンディーズ「普通の女の子に戻りたい」引退表明（1977）　●世界人口50億人突破（1987）

July
7月
18

【ヒトラーは猫を殺した兵隊に対し、「紳士的でない」と重罪を課した】

1925年7月18日、ヒトラーが著書「我が闘争」の第1巻を発売しました。

あの音楽家との親交

☆「我が闘争」を書いた時にヒトラーが使ったペンと原稿用紙は、大ファンだったワグナー家から贈られた物でした。

そんなに小さくはない

☆ヒトラーは写真などを見ると背が低い印象ですが、これは側近が背が高かったためで実際は172～175㎝くらいありました。ドイツ人の平均身長よりやや低いですが当時の日本人の平均身長と比べるとかなり高いです。

アドルフと名付けないで

☆ナチスの規則で馬など家畜に「アドルフ」と名前を付けることを禁止していました。理由はヒトラーのファーストネームである「アドルフ」を付けて憂さ晴らしをする人が多かったから。

動物には優しかった

☆ヒトラーは酒も煙草もやらない菜食主義で、さらには動物実験にも反対していました。兵隊が猫を殺したことに対し、紳士的な行いではないと重罪を課したこともあります。

文句を直接言えず…

☆ヒトラーは極度の嫌煙家で、ヒトラーの前で側近も煙草を吸うと激怒されました。しかしソビエトの書記長スターリンが会談の時、無遠慮に煙草を吸い始めた時、他国の長に文句を言えずにジッと我慢をしています。しかし、その後そこで撮影された写真すべてからスターリンの手元の煙草を加工修正し、煙草を吸ってない写真にさせたそうです。

コーヒーは体にいいですか？

☆食事にも気を遣っていろいろ研究をしています。コーヒーが胃に悪いと言われていたために、ナチス兵350人に毎日10杯以上のコーヒー飲用を義務付けて1カ月後に胃の検査を行いました。

　そして「異常なし」を確認してから「軍用飲料」に指定しています。

画家としての欠点

☆ちなみにヒトラーは、若い頃は画家を目指していました。しかし美術大学を受験して2回連続で不合格となり、その道を断念しています。青年期に7000点に及ぶ水彩・油彩画を描き、周囲の評判も良かったそうです。しかし人物が上手に描けないという欠点があったことから受験に失敗したと言われています。

きれいな関係のままで

☆1945年4月30日、ヒトラーは追い詰められた末に自決しています。その前日に愛人関係にあったエヴァ・ブラウンと結婚し、その翌日に自決していますが、この二人は肉体関係が一切無かったと言われています。ヒトラーは極度の潔癖性で、あいさつ程度の頬へのキスさえ激怒する人だったそうです。

きょうは何の日!?

●源頼家が修善寺で入浴中に謀殺（1204）　●男女混合の海水浴の禁止令（1888）　●有人宇宙船ジェミニ10号打ち上げ（1966）　●インテル社創業（1968）　●日本初の光化学スモッグ事件（1970）　●モントリオール五輪でコマネチが史上初10点満点（1976）

July
7月
19

【盲導犬から仕事を取り上げてはいけない】

1999年7月19日、ダイエーが盲導犬・聴導犬の入店を開始しました。このダイエーの試みは、当時は画期的でした。

盲導犬のルーツ

☆盲導犬は第一次世界大戦後のドイツで戦時中の劣悪な環境の中で視力を落とした兵士が大勢引き上げてきたことがキッカケで介助をしてくれる犬の育成が始まりました。そのため盲導犬の基本は、ドイツ生まれの犬種ジャーマン・シェパードでした。

嫉妬深いほど愛してる

☆有名な盲導犬サーブもジャーマン・シェパードでしたが、主人に対して従順だけど嫉妬深いという面もありました。飼い主が他の犬を褒めたり可愛がったりするとイラつくことがあり、サーブが盲導犬としての仕事を始めて唯一吠えたのは、飼い主が他の犬を可愛がっていた時だそうです。

日本人の好みは

☆ジャーマン・シェパードは盲導犬として優秀な犬種ですが、少し威圧感があるため、日本では穏和な表情のレトリバー系が好まれています。

なぜ英語を使うのか

☆盲導犬への命令は基本的に英語です。日本語のほうが飼い主も便利じゃないかと思いがちなのですが、日本語には細かい方言のニュアンスや男言葉・女言葉があって複雑で、人によって微妙に違うからです。

さらに「座れ」などの命令口調がキツイ印象を与えるので、日本人にとっても英語で「シットダウン」の方があまり抵抗がなく使えるという利点があるのです。

信号待ちの時は

☆信号待ちの際、盲導犬はほとんど色を見分けることができないので、信号が点滅する場所や形を覚えていたり、さらに周囲の人の動きに反応して歩き出します。そのため周囲の人が信号無視して赤信号で渡り始めると、つられて動き出してしまうこともあるので周囲の人も気を付けましょう。

食べ物を与えてはダメ

☆盲導犬に対してもう一つ気を付けなければいけないことがあります。それは人間が食べている物をあげてはいけないということです。盲導犬に「自分が食べるモノは人間とは違うモノ」と覚えさせることで、飲食店で食べ物を欲しがらなくなるのです。そして決まった時間に決まった物を食べることでトイレのリズムを安定させるという意味もあるのです。

盲導犬の寿命

☆「芸を仕込まれた動物はストレスを感じて寿命が短くなる」とよく言われますが、実は介助犬などの平均寿命は普通に飼われている犬とあまり変わりません。それどころか盲導犬を途中で引退させるとストレスのために体調不良になって寿命を縮めてしまうそうです。

きょうは何の日!?

●祇園祭がこの年から毎年実施(970)　●映画「青い山脈」封切り(1949)　●石ノ森章太郎「サイボーグ009」連載開始(1964)　●サントリーが日本初のご当地ビールを発売(1977)　●日本が不参加だったモスクワ大会開催(1980)　●二千円紙幣発行(2000)

July
7月
20

【マクドナルドの座席が赤いのにはちゃんと理由がる】

1971年7月20日、マクドナルドの1号店が東京銀座の三越1階にオープンしました。

初日から大賑わい

☆ハンバーガーが1個80円。最も高いビッグマックが200円で、当時としてはかなり高い値段だったのですが、初日に約1万人もの客が詰めかけました。

仕事が速いのは工事の時から

☆三越1階にオープンする時、営業を始めるまでの工事期間はわずか2日間。三越から「工事の時に他の営業の妨げにならないように」と言われていたため、三越の月曜定休日を狙い、日曜の営業終了時間から火曜日の営業開始時間の朝10時まで計40時間で水回りを含む全ての工事を終了させました。

カウンターの秘密

☆マクドナルドのカウンターの高さは72㎝と定められています。この高さはお客さんがポケットからお金を出しやすい高さとして考えられたものです。

座席の色にも秘密が

☆マクドナルドの座席が派手な赤なのは、客に長居をさせずに回転率をよくするためと言われています。これは心理学上も統計学上も裏が取れている話で、赤い色を見ていると時間が早く過ぎる錯覚に陥るそうです。

Mの字を描く?

☆マクドナルドではパンの厚さは3センチと決められています。ポテトを作るときはMの字を書くように油の中を泳がせると作り方もマニュアル化されています。

バーガー海外事情

☆世界で唯一、インドのデリー店ではビーフ100%バーガーを売っていません。宗教上の理由で、神の使いである牛を食べられない人が多いためです。

　そんな人のために「羊肉」を使ったものがあり、大量の香辛料で臭みを誤魔化しています。

☆マレーシアやタイのマクドナルドにも、やはり宗教上の理由で牛肉を使ってないバーガーがあります。こちらは代わりに「豚肉」を使い、「てりやき味」が「サムライバーガー」と呼ばれています。

珍しい看板があるのは?

☆京都市街では派手な看板を規制する条例に引っかかるため、お馴染みの赤い地色に黄色のMの組み合わせではなく、おとなしめの茶色などが使われています。ほかに軽井沢などでも赤・黄ではなく白地が使われている店があります。

サービス価格

☆マクドナルドの店員心得とも言われる「スマイル¥0」という言葉は、もともと大阪のマクドナルドの店員の間で遊びで使われていた言葉が全国に広まったもの。

きょうは何の日!?

●海の日(制定当初)　●国民の祝日に関する法律が公布(1948)　●アポロ11号、人類史上初の月到達(1969)　●広島で謎の生物ヒバゴン目撃(1970)　●ドバイ日航機ハイジャック事件(1973)　●沖縄国際海洋博覧会開幕(1975)　●映画「千と千尋の神隠し」公開(2001)

July
7月
21

【デンマークでは、人魚姫をレゴで作ってはいけない】

1982年7月21日、松田聖子がシングル「小麦色のマーメイド」をリリースしました。

デンマークの人魚には足がある？

☆人魚といえば、デンマークのコペンハーゲンにある人魚姫の像が有名です。この像はデンマークを代表する童話作家アンデルセンの物語が基になっています。

一般的な人魚の像とは違って下半身全部が魚ではなく、ちゃんと両膝があり足首だけが魚になっています。これは人魚姫が人間に変身する瞬間を表現したものだと言われています。

足フェチのアンデルセン

☆ちなみにアンデルセンは「足フェチ」だったと言われていて、女性をほめる描写ではとにかく足をほめることが多かったために、足がキーワードになる人魚姫を書いたのではないかとされています。さらに代表作「赤い靴」も足がキーワードになっています。

人魚姫の甥っ子は有名人

☆人魚姫の像はデンマークのビールメーカー「カールスバーグ」の社長がオペラ「人魚姫」に感動して、彫刻家エドヴァルド・エリクセンに依頼したものです。

そのエリクセンは自分の妻のエリーネを人魚姫のモデルとして制作したのですが、実はこのエリーネさんは有名な方の伯母さんです。エリーネさんの妹はインゲボルグさんと言いまして、その息子はあの岡田真澄さん（＆E・H・エリックさん）なのです。つまり人魚姫像のモデルは岡田真澄さんの伯母さんなのです。

受難の人魚姫

☆この人魚像は1013年に制作されたものですが、現在までに頭が3回、腕が1回切断され、台座も1度爆破されたり、さらに赤いペンキをかけられたりと、何度も可哀想な目に遭っています。

レゴで作ってはいけない？

☆ちなみにデンマークというと世界的に有名なおもちゃ、レゴブロックもデンマーク産です。そのレゴブロックで人魚姫を作ってはいけないと決められているのをご存じでしょうか？

実はデンマークの法律で「デンマーク国内で人魚姫像のレプリカを作る時はそっくりそのままの物以外はダメ」とされているからです。

レゴ社もそれに従い、「レゴブロックで人魚姫を作っても、そっくりそのままの物が作れないから」という理由でデンマーク国内で作ることを禁じています。

食用人魚？

☆沖縄などでは古くから、「人魚の肉を食べると不老不死になる」という言い伝えがあり、古い文献の中で琉球の王の元には人魚の肉が献上されたという記述があります。その肉はジュゴンの肉だったと考えられています。

きょうは何の日!?

●玉川上水が完成（1654） ●ジョン万次郎がアメリカ捕鯨船に救助される（1841） ●奇兵隊が結成（1863） ●小説「指輪物語」イギリスで刊行（1954） ●国産初のカセットテープ販売（1966） ●刑事ドラマ「太陽にほえろ!」放送開始（1972）

July
7月
22

【牛若丸が一本歯の下駄だったのには理由がある】

1991年、全国木製はきもの業組合連合会が7月22日を「下駄の日」と制定しました。

なぜこの日が下駄の日?

☆理由は男物の下駄は7寸7分、女物は7寸2分が基準ということから7の月に、そして下駄の歯形が漢数字の「二」が2つ並んだように見えることから22日となりました。

古墳時代から

☆下駄の歴史はかなり古く、古墳時代の遺跡から現在の物とあまり変わらない二本歯で三カ所の鼻緒をつける穴が空いている物がたくさん出土しています。当時の下駄は鼻緒の位置が左右ずれていて、ちゃんと右足用、左足用の区別があります。その後、平安時代初期に鼻緒の位置が左右同じ場所になっています。

鬼太郎の下駄

☆漫画「ゲゲゲの鬼太郎」で鬼太郎の特技は下駄タップです。漫画の中で海外に出かけた鬼太郎がお金を稼ぐために路上で下駄タップを踊るという場面があります。

☆ちなみに鬼太郎の歩く時のカラ～ンコロ～ンというのは、カランが軸足の音、コロンが利き足が着地した時の音です。

元は下駄屋さんだった

☆ヨネックスは元々、下駄を中心に木材加工をしていた新潟のお店だったそうです。戦後、あまり下駄が売れなくなった時、レジャーブームが起こってバドミントンや卓球のラケットを作ることを思いつき、現在のようなスポーツ用品メーカーに転身していったそうです。

　創業者は米山稔さんで、かの三波春夫さんと幼なじみだったことから、三波さんは亡くなるまで「下駄屋の稔ちゃん」と呼んでいたそうです。そしてヨネックスのロゴマークはyを2つ並べた物ですが、なぜ2つ並んでいるかというと「下駄の鼻緒をイメージしている」と言われています。

牛若丸と天狗の下駄

☆歴史上の人物の中で、「下駄を履いている」人は何人かいますが、その中でも特徴的なのが牛若丸です。

　京の五条大橋の上で弁慶と戦った時に履いていたのが一本歯の下駄です。ほかに一本歯の下駄を履いていると言えば天狗です。普通に考えるとかなり歩きにくそうな気がしますが、この一本歯の下駄には理由がありました。

☆牛若丸はその当時、鞍馬山で毎日修行をしていたのですが、一本歯の下駄は山を登るために発明された下駄だったのです。山を登る時には斜面に対して二本歯より一本歯の方が滑りにくく登りやすいのです。つまり牛若丸が一本歯の下駄を履いていたのは、山で暮らしていたからという理由があったのです。

きょうは何の日!?

●ナッツの日　●日本で著作権法が制定（1899）　●惑星探査機マリナー1号打ち上げ失敗、爆破（1962）　●映画「サタデーナイトフィーバー」封切り（1978）　●イエスの方舟事件（1980）　●中田英寿がセリエAのペルージャへ移籍（1998）

July
7月
23

【手紙は消息で、便紙で、トイレットペーパーのこと】

毎月23日はふみの日。特に7月は文月なので「文月ふみの日」です。

文月の由来

☆7月が文月と呼ばれる理由には諸説あります。まず7月は七夕がある月なので、短冊に歌や文字を書いて書道の上達を願ったことから来ているという説。

　ほかに、中国では夏のこの時期に書庫など暗い所に保管する書物を陰干しすることから、「文書を開く月」という意味で「文開く月」と呼ばれたのがきっかけという説。また、全く文章とは関係なく稲穂が実る月、稲穂に実が含まれていく月で「穂含み月」が元になったという説もあります。

手紙という言葉

☆日本で「手紙」という言葉が登場したのは江戸時代です。平安時代に書かれた「伊勢物語」の中では手紙のことを「消息」と書いています。「消」は死ぬことを「息」は生きていることを表す漢字で、遠く離れた知人の安否を確認するために出すものだからだそうです。それが転じて現在では、相手が生きているか死んでしまったかの確認を「消息」と言うようになったのです。

手紙が便紙で便紙が手紙？

☆手紙という言葉は日本で生まれた言葉で、中国語で「手紙」と書くとトイレットペーパーを意味します。中国語で手紙のことは一般的には「信」の一文字。逆に便所の「便」に紙と書く「便紙」は「便りを書いた紙」ということで手紙を意味することがあるので混乱します。

マーク・トウェインの場合

☆手紙は書いているうちに気持ちが熱くなり恥ずかしいことを書いてしまうこともあると言われています。作家のマーク・トウェインは手紙を書く時、必ず2通書きました。まず思った通り本心で手紙を書いて、翌日その中から当たり障りの無い部分だけを取り出して、2通目の手紙を書いて投函したそうです。

マーガレット・ミッチェルの場合

☆作家のマーガレット・ミッチェルは生涯「風と共に去りぬ」1本しか小説を残していませんが、実は律儀な人で作品発表後に届く大量のファンレターに1通ずつ返事を書き、その作業に没頭して次回作が書けなかったそうです。その数、4年間で2万通もあったそうです。

ルイス・キャロルの場合

☆手紙の数では「不思議の国のアリス」の作者、ルイス・キャロルは10歳から66歳までの生涯に9万8721通の手紙を書いたことが分かっています。

　というのも異常なほど几帳面な人で、何月何日、誰に手紙を出したかすべて記録していたとか。しかもその内容を要約したものがリスト化されていて、すぐ検索できるようになっていたのです。

きょうは何の日!?

●ドッグデイズ、カシスの日　●薩土盟約が締結（1867）　●富山県魚津の主婦たちによる米騒動（1918）　●日本新聞協会設立（1946）　●地球観測衛星「ランドサット1号」を打ち上げ　●商業捕鯨全面禁止案が決定（1982）　●航空ゲームマニアによるハイジャック（1999）

July
7月
24

急がば回るのは、琵琶湖のことだった

1950年7月24日、琵琶湖が第1号の国定公園に指定されました。

世界での順位

☆日本で1番大きな湖・琵琶湖は世界で1番大きな湖・カスピ海の553分の1です。淡水湖のみでは世界で129番目の大きさ、塩湖も含めると188番目。しかし古さでいうと琵琶湖は世界で3番目に古い湖らしいです。

彷徨える琵琶湖?

☆琵琶湖は年々北上しています。といっても、人間が生きている間にその移動を感じることはできないぐらいのゆっくり加減で、400万年ほど前には三重県辺りにあったと言われ、数万年後には日本海へ抜けてしまうとか。人類がそれを目撃できるかは不明。

琵琶湖と川

☆琵琶湖には120本ほどの河川が流れ込んでいますが、琵琶湖から流れ出る川は瀬田川の1本だけ。

頓挫した大運河構想

☆琵琶湖は平安時代から何度も、日本海側の敦賀へ運河で結んで、それによって日本海と太平洋を水運で直結しようとする構想が計画されました。平成6年にも「平成の大運河計画」が発表されましたが、実施には至っていません。

橋の方が安全

☆「急がば回れ」のことわざは、この琵琶湖の瀬田川付近から生まれました。室町時代に紫屋軒宗長(さいおくけんそうちょう)という歌人が詠んだ「武士(もののふ)の　やはせの船は早くともいそかは廻れ　瀬田の長橋」が元になっています。琵琶湖の周囲を回るより船で渡る方が早いが、突風が吹くことが多かったので「危険を犯すより陸路を回りなさい」という主旨の言葉です。

琵琶湖のヒーロー

☆滋賀にある「琵琶湖わんわん王国」のマスコットキャラは巨大な木彫りの犬。その名は「びわ公」。この王国を救った伝説の勇者という設定です。

海のような大きさの湖

☆東映京都撮影所で撮影される時代劇では、海の場面は琵琶湖が多く使われます。水戸黄門などでもほとんどが琵琶湖。海と違って、日によって波の調子に変化が無く、重宝するそうです。

いろいろな湖データ

☆琵琶湖の面積は670・25㎢で、富士山を崩すと琵琶湖を3個分埋めることができます。

☆ちなみに、日本一大きい池は、鳥取県の湖山池(こやまいけ)7・0㎢。日本一深い湖は、田沢湖で水深423・4m。日本一透明度の高い湖は、北海道の摩周湖。日本で最も高い場所にある湖は、岐阜と長野の御嶽山二ノ池。

きょうは何の日!?

●豊臣秀吉のバテレン追放令(1587)　●芥川龍之介が自殺(1927)　●児島明子がアジア人初のミス・ユニバース(1959)　●漫画雑誌「ガロ」創刊(1964)　●宇野首相が女性問題で退任(1989)　●一部地域を除き地上波デジタル放送に移行(2011)

July
7月
25

山形県では、かき氷に酢醤油をかける食べ方がある

「夏氷の日」と日本かき氷協会が制定。夏氷とは「かき氷」のことです。「な(7)つ(2)ご(5)おり」の語呂合わせと、日本の最高気温が記録されたことから7月25日に決まりました。

※この暑い日の記録は2007年に更新されていますがその話は8月16日で。

枕草子に登場

☆かき氷の最も古い記述がある文献は「枕草子」。「けずり氷」という名前で、削った氷の上に甘くした葛をかけたものでした。

富士山から氷の宅配

☆鎌倉時代には、真夏、富士山の洞窟にある氷を鎌倉まで届けさせたという記録があります。これは江戸時代になっても権力者の夏の娯楽として続くのですが、何度も「経費が掛かりすぎる」と問題視されています。

富士山の雪で作ると…

☆ちなみに冬、富士山に積もる雪でかき氷を作ると約22兆杯できて、全世界の人に振る舞うと1人あたり3600杯も貰えることになります。

函館から横浜、そして機械で

☆明治時代に蒸気船が導入されると、函館から横浜港まで氷を運び「函館氷」という名前で販売されています。

そして1883(明治16)年、機械で作った氷で初めてかき氷の販売が始まりました。

甘くないかき氷

☆山形県ではかき氷に酢醤油をかけた「酢だまり氷」という食べ方があります。トコロテンも出している甘味処が始めた食べ方らしいです。

シロップは同じ味？

☆かき氷のシロップの定番に、イチゴ・レモン・メロンなどがありますが、基本的に味は同じ。香料と色が違うだけなので、目をつぶり鼻をつまんだ状態だと全部同じ味にしか感じません。

頭がキーンッ

☆かき氷を早食いした時、頭がキーンッと痛くなることがあります。あれは口の中が急激に冷たくなった時に神経が錯覚を起こして痛みと感じてしまうからで、その痛みがこめかみ周囲に集中するのです。

☆一般的に「かき氷を食べた時に痛くなる」という認識ですが、医学用語では「アイスクリーム頭痛」と呼びます。

かき氷と一緒に食べちゃダメ

☆昔から言われる「悪い食べ合わせ」の中には「かき氷とカニ」は一緒に食べてはいけないとされています。実際には何も問題がない食べ合わせですが、ともに体を冷やすのでダメということになっています。

きょうは何の日!?

●スチーブンソンが蒸気機関車の試運転成功(1814)　●岩倉具視の葬儀が日本初の国葬として実施(1883)　●池田菊苗「味の素」の特許(1908)　●日本住宅公団が発足(1955)　●ミュージカル「コーラスライン」初演(1975)　●世界初の試験管ベビーが誕生(1978)

July
7月
26

【顔を隠しちゃダメという法律ができたことがある】

1651年7月26日、江戸時代の軍学者（軍事的な事を考える学者）の由井正雪が亡くなっています。

幕府も欲しがった反乱者

☆由井正雪は静岡県清水区由比（ゆい）の出身。自ら出身地を名乗って「由井正雪」となっています。

幕府がスカウトするほど有能な方だったのですが、幕府を批判的に考えていたためにその誘いを蹴っています。戦国時代から50年ほど経っていたのですが、幕府は武士の力を失わせる政策を打ち出し、町には職を失った浪人が溢れていたので「なんとかしなくては」とクーデターを起こしたのが由井正雪の乱です。しかし仲間の裏切りによって最期は駿府で自害しているのです。

死後、望みが叶う

☆幕府にとっては犯罪者ですが、庶民にとって由井正雪はヒーロー扱いでした。そのこともあって、幕府も浪人救済を考えはじめ、最終的には由井正雪が理想とした政策が実現化していきます。

顔を隠しちゃダメ

☆それと同時におかしな法律も誕生しています。それは「覆面の着用を禁止する」というものです。由井正雪の乱がきっかけで、人に隠れてコソコソ動き回る怪しい人間を無くし、治安を維持するため、外出時は顔を隠してはいけないという法律が作られました。

よく時代劇で虚無僧といって駕籠などで顔を隠して歩く僧侶がいますが、あれはこの時代には法律違反だったのです。

その法律後に流行ったものは？

☆この「覆面の着用禁止」がきっかけで流行ったのが「かんざし」です。この頃まで女性は髪を長く伸ばして後ろで縛る髪型が多く、外出時は「衣かずき」というベールのような布で顔をあまり見せないのが主流でした。それが顔を見せないとダメという法律ができたことで、髪の毛を整えて上にまとめる文化ができてくるのです。そして俗に言う日本髪が考案され、それと同時に発展していったのが、装飾品としても美しいかんざしだったのです。

恨みが乗り移った野菜

☆由井正雪の乱が起こった翌年、江戸にやってきた南蛮渡来の野菜がスイカです。しかし、この丸くて切るとまっ赤な実が出てくるスイカは、まるで生首のようだと噂され、「あのような気持ち悪い植物が出現したのは、恨みを残して自害した由井正雪のたたりだ」と嫌われてしまいました。

☆江戸でスイカが多くの人に食べられるようになったのは渡来から10数年後で、最初は庶民から、次第に武士が食べ始め、江戸時代半ばを過ぎた頃には大名なども食べるようになり、書物には「西瓜、大立身なり」と書かれています。

きょうは何の日!?

●徳川家康が京都方広寺の鐘にクレーム「大坂冬の陣」のきっかけ（1614）　●本居宣長「古事記伝」完成（1798）　●鶴屋南北「東海道四谷怪談」初演（1825）　●英米中3首脳による「ポツダム宣言」発表／日本の降伏条件13条（1945）

July
7月
27

登呂遺跡はアメリカ軍の空襲の標的にされたことがある

1965年7月27日、静岡市・登呂遺跡で弥生時代の水田跡が発見されました。

軍需工場建設がキッカケで発見

☆登呂遺跡は第二次世界大戦中の昭和18年に発見された弥生時代の遺跡です。

プロペラ工場を造るために土地を掘り返し始めたところ、古い住居跡が出てきたことで大騒ぎになりました。同時代の他の遺跡と違っていたのはその後の調査で水田などが完璧な形で発見されたことです。その意味で考古学的に大変貴重な資料なのです。

止まらない工事

☆遺跡が発見されると、今なら工事を中止して学術調査が入るのですが、当時は戦況が悪化、軍需工場を最優先で完成させなければいけない状況だったため、調査もそこそこに工場建設が始まりました。しかも軍需工場という理由で敷地内は立ち入り禁止、現場を撮影したフィルムや資料の一部も軍事機密として没収されてしまいました。

静岡市の大空襲

☆戦争による悲劇はそれだけではありません。登呂遺跡の上にプロペラ工場が完成したのですが、終戦2カ月前の昭和20年6月19～20日に静岡市内はB29による大空襲に遭います。その時に登呂には軍需工場があるという理由から、この周辺一帯は壊滅的な被害を被り、遺跡も穴だらけになってしまったのです。

終戦後に調査が始まる

☆この静岡空襲で、別の場所に保管されていた遺跡発見時に発掘された土器や木製品、そして発掘調査記録などの多くを消失しています。ちゃんとした形で遺跡に学術的調査が入ったのは終戦から2年後の昭和22年でした。

☆それでも、その後の調査で登呂遺跡からは日本人のルーツが分かる貴重な資料がまだたくさん発見されました。

安倍川のお陰で

☆遺跡の多くは、住民が何らかの理由でいなくなり、廃墟となった家などが長い歳月の中で風化して土に埋もれていくものです。しかし登呂遺跡はすぐそばを流れている安倍川の氾濫により、ごく短期間でほぼ完璧な形で砂に埋もれていたのです。

国の特別史跡に

☆そのことから当時の生活の様子がよく分かる物が多く出土しています。

遺跡は弥生時代後期、西暦1世紀頃の集落跡だと判明し、農耕の跡だけでなく狩猟や漁猟をしていたこと、火をおこす道具、さらに占いの道具なども見つかっています。日本人のルーツが分かる資料として1952年には国の特別史跡に指定されました。

きょうは何の日!?

●スイカの日　●フランシスコ・ザビエルが鹿児島に上陸（1549）　●フランス7月革命勃発（1830）　●画家・ゴッホがピストル自殺（1890）　●ロッキード事件で 田中角栄前首相が逮捕（1976）　●バルセロナ五輪で14歳の岩崎恭子が金（1992）

July
7月
28

【金メダルの素材は金ではなく、銀である】

　1928年7月28日、第9回オリンピック・アムステルダム大会が開幕しました。

日本人初の金メダル
☆このアムステルダムオリンピックは、日本人が初の金メダルを獲得した記念すべき大会でした。その競技は「三段跳び」で、当時早稲田大学生だった織田幹雄さんが金を獲得しました。

三段跳びの昔の呼び方は？
☆現在、三段跳びは英語では「トリプルジャンプ」と呼ばれていますが、明治時代に初めて紹介された時は運動会の競技として「うさぎの月見」と名付けられています。その後、「ホップステップジャンプ」を略して「ホスジャン」と呼ばれていましたが、これでは力強くないと「三段跳び」という名前が考案されたのです。実はその考案者が初の金メダリスト・織田幹雄さん本人でした。

女性初のメダル
☆この日本人初の金メダル獲得が大会5日目の1928年8月2日ですが、同じ日に女子陸上800mで人見絹枝さんが日本人女性初のメダル、銀メダルを獲得しています。

素材は金じゃない
☆オリンピック憲章では「1位と2位のメダルは銀製にする」と決められています。そして「1位のメダルは6g程度の金メッキを施したもの」とされているので、実は金メダルは銀に金メッキをしたものなのです。

金メダルを噛むポーズ
☆最近表彰台でメダルを噛むポーズをとる選手が多くいますが、なぜ噛むのかという理由に「最初、金なのか試した選手がいた」という雑学が囁かれたことがありますが、前述のように純金製では無いので間違った雑学です。

元祖、金メダルをガリガリ
☆メダルを噛んだ元祖は1988年ソウル五輪の水泳男子200m自由形の金メダリスト、オーストラリアのアームストロング選手です。当時このポーズが面白がられ読売新聞には「勝利ガリガリ」という見出しで紹介されました。
　この時アームストロング選手はメダルを噛む理由を聞かれ「勝利の味を、文字通り噛みしめる」と答えています。

日本人初のガリガリ
☆日本人選手でこのポーズを初めてやったのは1996年アトランタ五輪。柔道の金メダリスト中村兼三選手が金をとった際、カメラ前でポーズをしてくれと言われ「そう言えば外国人選手がやって記事になっていたよな」と思い出し、マネしてやったのが最初です。
　翌日、金をとった後輩の野村忠宏選手が先輩を真似して再びやったことで話題になり、その後多くの選手がマネするようになったのです。

きょうは何の日!?
●なにわの日　●文庫本の元祖「レクラム」誕生（1807）　●上野駅が開業（1883）　●第一次世界大戦勃発（1914）　●鈴木貫太郎首相「ポツダム宣言」黙殺宣言（1945）　●劇団民芸の結成（1947）　●日系人アルベルト・フジモリがペルー大統領に就任（1990）

July
7月
29

【宇宙飛行士の給料には宇宙への出張費が加算される】

1958年7月29日、アイゼンハワー大統領が国家航空宇宙決議に署名し、アメリカ航空宇宙局（NASA）が発足しました。

運動も

☆1980年に日本で紹介されたエアロビクスは科学的な根拠によって、体を鍛え痩せるための運動としてブームになり、現在は定着しています。実はエアロビクスは元々、NASAで宇宙飛行士の体力増強のために考案された有酸素運動です。

食品も

☆NASAというと、あまり自分たちの生活には関係ないと思いがちですが、宇宙で活動するためにいろいろな便利グッズを考案しています。

カレーなどの真空パックで長期保存のできるレトルト食品も、元々は宇宙食としての研究から誕生したものです。

衣服にも

☆銀行のATMや、上を向いても使えるボールペンなどもNASAが開発したものですが、意外なものではジッパーよりも簡単に衣服を着脱できるマジックテープも宇宙服のために考案されたものです。

防犯も

☆煙探知機・盗難警報機・飲酒測定器などのセキュリティー関連用品も、宇宙船内での機械トラブルで発生する煙や臭いを探知するシステムが元になって生まれています。

お休みの時も

☆安眠を保証するまくら素材「テンピュール」もNASA開発の商品です。これは元々ロケット発射時の衝撃を吸収する素材として開発されました。

水の浄化も

☆宇宙で水を無駄なく再利用して使うシステムを利用した「逆浸透膜方式の浄水器」も、最も効率よく水を浄化する方法ということで、一般家庭でも使われるようになりつつあります。

健康食も

☆NASAは食品の研究もかなり行っています。サプリメントとして使われる「マカ」という成分もNASAが抽出したもので、宇宙飛行士の機能性食品として採用されているそうです。

宇宙に出かけると

☆ちなみにNASAを運営しているのはアメリカ国家なので、基本的に勤務している人は公務員扱いです。そのことからアポロ計画に参加した宇宙飛行士もアメリカ公務員で、基本給は月額約36万円。宇宙飛行士になると出張費として0.75%が加算されますが、あまり高給取りではないですね。

きょうは何の日!?

●アマチュア無線の日　●パリのエトワール凱旋門が落成（1836）　●日米修好通商条約締結（1858）　●ヒトラーがナチス党党首に就任（1921）　●隅田川花火大会が復活（1978）　●イギリス皇太子チャールズとダイアナ・スペンサーが結婚（1981）

July
7月
30

【大正天皇誕生会が二カ月遅れなのは夏のせい】

1912年7月30日、明治天皇が崩御し、同時に大正時代が始まりました。

実は前日に崩御

☆この時代、天皇が崩御した際は次の天皇が即位する儀式を同じ日に行わなければいけないことになっていましたが、実は明治天皇は7月29日の夜10時43分に亡くなり、残り1時間17分で儀式を行うのは無理だという判断から「明治天皇は7月30日午前0時43分に崩御された」と、2時間遅れで発表したのです。

ファッションリーダー

☆明治12年に生まれた大正天皇〈当時の名前は明宮（はるのみや）皇太子〉は、西洋文化を子供の頃から受けて育ちました。当時、英国の皇子エドワード7世が水兵さんの着るセーラー服を子供用にデザインした物を好んで着て、イギリスでは子供服としてブームになっていました。そして大正天皇は5歳の時に、イギリスから贈られてきたセーラー服を着ています。日本におけるセーラー服の元祖は大正天皇だったのです。

元祖ランドセル

☆7歳で学習院の小学校に入学する時には、伊藤博文が西洋の軍人が背負うカバンを改良したカバンを「これならば両手が空くから安全です」とプレゼントしています。大正天皇はランドセルを使った小学生の元祖でもあるのです。

神前結婚式も元祖

☆1900年、まだ皇太子だった21歳の時に大正天皇は結婚しています。この時、それまでお屋敷で内々で行っていた婚姻の儀式を、神社で行うことを考案しました。つまり神前結婚式の元祖も大正天皇なのです。それまで一般家庭では家で式を行うか、式など全くしないというのが普通だったのですが、真似をして神社で結婚式を挙げる人が多くなっていきました。

浅田飴も
セーラー服も
ランドセルも
僕が元祖ね

誕生日を2カ月ずらす

☆1912年に天皇に即位し、それから15年という短い間ですが大正時代が続きます。実は、大正天皇の誕生日は8月31日ですが、天長節という天皇誕生日のお祝いは、なぜか2カ月遅れの10月31日に行われていました。というのも、大正天皇が「8月31日なんて暑い時期に礼服を着るのは嫌だ」と言い出したからだとか。それで2カ月遅れの天長節になったそうです。

大正時代の名前ブーム

☆大正元年に生まれた男性の名前で一番多かった名前は、大正一年からとった「正一」でした。その名付けブームは大正二年の「正二」、大正三年の「正三」まで続いています。

☆ちなみに、オリンピック水泳金メダリスト清川正二さんは、大正2年、横河電機元社長の横川正三さんは大正3年生まれです。

きょうは何の日!?

●梅干しの日　●力道山が日本プロレス設立を発表（1953）　●エルヴィス・プレスリーがデビュー（1954）　●映画「モスラ」公開（1961）　●アポロ15号が月面着陸（1971）　●沖縄県で自動車左側通行に変更（1978）　●東北自動車道全通開通（1986）

July
7月
31

「星の王子様」の作者は運転のヘタなパイロットだった

1944年7月31日、「星の王子様」の作者サン・テグジュペリが飛行機で飛び立ったまま海上で行方不明になりました。遺体は発見されていませんが、この日が命日となっています。

国を超えて愛される作家

☆サン・テグジュペリはフランス空軍に所属しながらパイロットの経験を生かして小説を書いた、軍人であり人気作家でした。当時フランスと敵対していたドイツでも翻訳され、ドイツ空軍にもファンが多く、「サン・テグジュペリの所属する部隊とは闘いたくない。もし彼を撃ち落としてしまったら新作が読めなくなるから」とまで言われるほどでした。

パイロットであり続ける

☆作家として大成功を収めた後もパイロットであり続けることにこだわり、「私にとって飛ぶことと書くことはどちらも同じくらい重要です」とパイロットに誇りを持っていました。しかし周囲からは、「彼はパイロットしては優秀ではない」と言われていました。ヒット作で購入した最初の飛行機はすぐ砂漠に墜落、借金をして購入した2機目は、1年半後に離陸に失敗してスクラップ。そのほか、軍の飛行機でも事故を何度も起こしている問題パイロットでした。

悲劇のラストフライト

☆サン・テグジュペリは1944年、軍人として偵察のために出動し、行方不明になりました。そして59年経った2003年に、その時の飛行機が海中から発見されています。

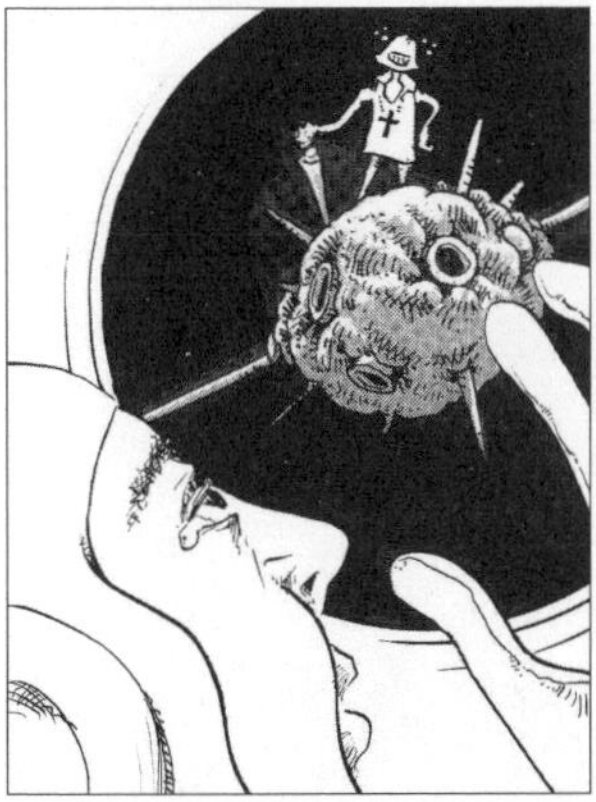

戦争は誰にも悲劇

☆その飛行機を撃墜したと当時ドイツ空軍に所属していたパイロット、ホルストさんが名乗りを上げていますが、ホルストさんは、「私も彼の大ファンでした。あの飛行機を撃墜した直後に彼が行方不明になったというニュースを聞き、ずっとあの時の飛行機が彼のでないことを祈り続けていた」と涙ながらに語っています。実はホルストさんは、サン・テグジュペリの小説に影響されてパイロットになった方でした。

フランスの国民的作家

☆「星の王子様」はフランスでは国民文学として愛されている作品です。現在フランスの紙幣はユーロですが、それ以前の50フランには彼の肖像画と挿絵が描かれていたほどの国民的作家です。

文学的な日本語タイトル

☆「星の王子様」の原題は「Le Petit Prince」で「小さな王子様」という意味で、星という言葉はありません。

　40カ国で翻訳されているなかでタイトルに星と付けているのは日本だけです。このタイトルは、当時70歳だったフランス文学者で翻訳家の内藤濯（あろう）氏が考えたものです。

きょうは何の日!?

●富士山噴火の最古の記録（781）　●エジソンが蓄音機の特許（1877）　●ドイツでナチ党が第一党となる（1932）　●TVの予備免許を日本テレビが取得（1952）　●山手線が冷房車を導入（1970）　●国産の真空管生産が終了（1979）　●第1回パラグライダー選手権（1988）

雑学王 知泉の
日めくりうんちく劇場

雑学カレンダー
8月編

あの帽子ドイツんだ？
オランダ！なんつってな
なんか必死にごまかしてますけど…

August
8月
1

【富士山の頂上までホッピングでは8時間21分かかる】

　1908年8月1日、富士山頂に電話が開通し、同時に5合目までの登山道もできました。

家庭より早く

☆明治41年、当時は一般家庭にさえ、まだ電話がそれほど入っていなかった時代でしたが、富士山頂には電話が通じていたのです。

富士登山の元祖は

☆富士山に本当に一番最初に登ったのかは実際には不明ですが、記録上では聖徳太子が第1号となっています。伝説では良馬を手に入れた聖徳太子がその馬で富士山へ登ったとされ、8合目辺りで休憩したということから、現在8合目休憩所の名前は「太子館」と言います。

それより前に登った人

☆聖徳太子は6世紀の人ですが、弥生時代初期の紀元前3世紀に富士登山をした人の記録もあります。

　その頃、中国で書かれた「史記」には日本の東海地域にある蓬莱山（ほうらいさん）にある不老不死の薬草を求め、徐福（じょふく）という僧侶が海を渡って登ったと書かれています。実は、富士吉田市には徐福の墓もあります。

入山料

☆富士山は霊山として、戦国時代頃から無断で登れない山として入山料を徴収しています。富士吉田の登山道に関所ができ、一人244文を徴収しました。現在の1200円ほどで、領主と関所と登山道の整備をしている役人で分配しました。江戸時代に「富士講」という富士山登山ブームの際に半額となり、それが明治時代まで続きました。

女性の登山者第一号

☆富士山は霊山で信仰対象でもあったため、当時は「女性は汚れている」という考え方から女性の登山は禁止されていました。しかし1832年、江戸に住む高山たつという女性が登山した記録があります。この女性が信仰した富士講では「四民平等・男女平等」を掲げていたことから「女性が登ってもバチは当たらない」と、男性に扮して同意者を含めた六人で役人を騙して登山しています。

正式な女性第一号は外国人

☆女性の登山者の正式な記録は、江戸時代末期、慶応2年に駐日イギリス公使ハリー・パークスが、彼の奥さんを同行して登山したのが最初となっています。

意外なギネス登録

☆富士登山に関するギネス記録があります。1986年にアシュリタ・ファーマンという記録好きの男が、5合目から頂上までホッピングを使って登頂しています。

　8時間21分かけて登り、頂上で数分間ホッピングをしたことがギネスに掲載され、現在も記録は破られていません。挑戦する人がほかにいないだけだとは思いますが。

きょうは何の日!?

●第2回遣隋使で小野妹子が派遣（607）　●日本初の海上保険会社が営業開始（1879）　●日清戦争・宣戦布告（1894）　●動力織機の特許を豊田佐吉が取得（1898）　●甲子園球場が竣工（1924）　●ベルリン五輪開催、初の聖火リレー（1936）　●日産ブルーバード発売（1959）

August
8月
2

オバQ音頭のQちゃんはちょっと風邪を引いている

1933年8月2日、「東京音頭」のレコードが大ヒットしたと当時の新聞に書かれています。

不安な気持ちを吹き飛ばせ

☆「東京音頭」は、昭和8年に120万枚超の大ヒットとなりました。

昭和4年に世界恐慌、昭和6年に満州事変、昭和7年に5・15事件が起こった不安定な時代、その反動でやたらと明るい「花の都の真ん中で♪」という歌詞が人気となったのです。

1978年に東京が本拠地のヤクルトスワローズの応援歌として採用され、現時点で延べ2000万枚が売れたと言われています。

オバQ音頭

☆1966年に「オバQ音頭」が200万枚のヒットとなります。さらに、アニメのスポンサーだった不二家がキャンペーンとしてソノシート400万枚を配布しています。つまり、600万枚の「オバQ音頭」が家庭に出回ったのです。

歌ったのは石川進さんとオバQの声を担当していた曽我町子さんです。曽我さんは録音当日、風邪気味で別の日にして欲しいと申し出たのですが、スケジュールの関係でそのまま録音することになってしまったそうです。そのため、この曲でのオバQの声はいつもより風邪声です。しかし、大ヒットにより風邪声の方が有名になったことから、その後、曽我さんは意図的に風邪声気味でオバQを演じるようになったそうです。

電線音頭

☆音頭モノのヒットでは1977年の「デンセンマンの電線音頭」もあります。キャンディーズ出演の番組「みごろ！たべごろ！笑いごろ！」で伊東四朗さんと小松政夫さんが歌い踊った曲です。

しかしこの曲はその3年前、桂三枝さんが「ドカンと一発60分！」という番組で歌った「桂三枝の電線音頭」が元祖です。

「電線に雀が三羽とまってて♪」という内容はお座敷遊びから発生したもので、それを現代風にアレンジしたのです。

桂三枝さんはほかにもお座敷遊びから「触って触って何でしょう」と箱の中身を当てる遊びや、ジャンケンで勝った方が叩き、負けた方が防御する「叩いて被ってジャンケンポン」などをテレビで紹介しています。

イエローサブマリン音頭

☆音頭モノの異色作として、1982年に金沢明子さんが出した「イエロー・サブマリン音頭」があります。ビートルズの「イエロー・サブマリン」を大滝詠一さんがプロデュースした異色作ですが、この曲のリリース当初、熱狂的なビートルズファンから「ふざけすぎている」と抗議の声が上がったそうです。しかしこの曲を聞いたポール・マッカートニーが大絶賛したと音楽雑誌で紹介されたことで、その騒ぎも収束しています。

きょうは何の日!?

●博多人形の日、パンツの日、カレーうどんの日　●日本勧業銀行が開業（1897）　●アムステルダム五輪で日本初の金（1827）　●銀座・新宿などで日本初の歩行者天国（1970）　●パーソナル電卓「カシオミニ」発売（1972）　●ビートたけしがバイク事故で重傷（1994）

August
8月
3

【アレキサンダー大王は死んだ後にハチミツ漬けにされた】

8月3日は「ハチミツの日」です。

ミツバチさん、ご苦労様です

☆ミツバチが一輪の花から集められるハチミツは、わずか0・00005g。大さじ一杯のハチミツを集めるのに、4000本の花を飛び回らなくてはならないのです。200gで400万本の花から集められたハチミツということになります。

消費期限は無い？

☆ハチミツには消費期限がありません。1922年にアメリカの考古学者セオドア・デーヴィスがピラミッドから3300年前のハチミツを発見しています。しかし中味はほとんど変質せずに、甘いままでした。さらに考古学者のハワード・カーターがツタンカーメン王の墓でも変質していないハチミツを発見しています。ハチミツは糖度が高く、ほとんどの細菌の活動を阻止することから腐らないのです。

アレキサンダー大王は

☆ハチミツの殺菌効果は昔からよく知られていて、アレキサンダー大王が遠征先で亡くなった時、遺体をハチミツ漬けにしてギリシャに運んでいます。

ハチミツの島

☆古代ギリシア人もハチミツを生命の源として珍重しています。地中海の島を支配した時に、ここで採れるハチミツが濃厚でおいしいことから、ギリシャ語でハチミツを意味する「メリタ（melita）」と命名し、その後ローマ人が支配した時に、メリタが「マルタ」と変化しました。地中海のマルタ島はハチミツ島なのです。

危険なハチミツもある

僕のママは女王様なんだよ
みんなそうだけどな

☆ハチミツはその元となる花の種類によって味が違ってきますが、中には危険なハチミツもあって、トリカブトから採れたハチミツを食べて中毒を起こした人もいます。と言っても、ほとんどの場合は無毒です。

最も栄養価が高いのは？

☆花によってさまざまな効能がありますが、蕎麦の花から採れたハチミツが最も栄養価が高いとされ、鉄分は一般的に知られるレンゲのハチミツの50倍も含まれています。

ハチミツ酒で子作り

☆ハチミツで作るお酒「ミード」は栄養価が高く、古代ゲルマンでは新婚が子作りに励む時に飲むお酒とされていました。結婚1カ月目はこのハチミツ酒を飲み続けて頑張ることから、その1カ月のことを「蜜月」つまり「ハネムーン」と呼ぶようになったのです。

唇にハチミツを塗っている人

☆ドイツにある言い回しで「唇にハチミツを塗る」というのは、日本で言う「ゴマをする」という意味です。甘い言葉を囁いて相手を良い気分にさせるという意味合いです。

きょうは何の日!?

●ハサミの日、ハモの日　●コロンブスが西方へ向かい出航（1492）　●ロッシーニのオペラ「ウィリアム・テル」初演（1829）　●テレビ情報誌「週刊TVガイド」創刊（1962）　●気象衛星「ひまわり3号」打ち上げ（1984）　●日本初の裁判員制度の初公判（2009）

August
8月
4

【日本初のビアホールの最初のおつまみは大根スライス】

1899年8月4日、日本初のビアホール「エビス・ビアホール」が東京銀座にできました。

生でビールを飲める幸せ

☆当時はまだ技術的に出来たての生ビールを瓶詰めする技術が無かったので、工場で出来たての新鮮なビールを飲めるビアホールは、人々に大歓迎されました。中ジョッキ（500㎖）10銭で現在の価格に換算すると2000円程度とかなり高いのですが、大盛況だったそうです。

ミルクの代わりにビールを

☆このビアホールを開く直前、呼び名をどうしたらよいのか？　ということで、来日していたイギリス人宣教師にも相談しました。「大人の社交場という意味でサロンと付けるべきだ」という意見から「ビアサロン」と決まりかけたのですが、当時横浜辺りのいかがわしい店が店名に「サロン」という言葉を付け始めていたこともあって、直前に「ミルクなどを飲ませてくれる喫茶店をミルクホールと呼ぶ」ということから「ビアホール」と決まったそうです。

不評だった最初のおつまみ

☆「エビス・ビアホール」は35坪程度の店だったのですが、連日大盛況で1日1000ℓものビールが売れたそうです。しかしおつまみは不評でした。開店当時のおつまみは1種類しかなく、大根をスライスしたものだけ。水っぽい大根とビールは相性最悪だったのです。

翻訳の時に勘違い

☆なぜ「大根スライス」なんていうおつまみが出たのか。ヨーロッパの店を参考にした時、ソーセージやチーズは入手困難で値段も高くなるということで却下。その中で、「どうやらラディッシュという野菜をおつまみにするらしいぞ」という情報があり、「ラディッシュとは大根の一種らしい」ということから大根スライスが誕生したのです。ラディッシュは日本名「ハツカダイコン」ですが、基本的にはカブなので大根とは違います。

それでも和風のおつまみ

☆その後、大根スライスはメニューから消え、その代わりにビールに合うおつまみとしてフキやエビの佃煮など塩気の効いたものが出されるようになり、そっちは好評だったそうです。

駅名がビールで変わった

☆ちなみに「エビスビール」の工場は渋谷区恵比寿、山手線の恵比寿駅の場所にあったのですが、これは地名をビールに付けたものではなく、もともと恵比寿ビール工場からの積み出し用に作られた商業用駅だったのです。

　駅ができた当時の地名は東京府下荏原（えばら）郡三田村でしたが、後に恵比寿に改められたのです。

きょうは何の日!?

●箸の日、橋の日　●修道士ドン・ペリニヨンがシャンパンを発明（1693）　●集団学童疎開列車が登場（1944）　●最高裁判所が発足（1947）　●時代劇「水戸黄門」放送開始（1969）　●日本赤軍クアラルンプール事件（1975）　●日本でiTunes Store営業開始（2005）

August
8月
5

【自由の女神像はニューヨークには無い】

1884年8月5日、アメリカで「自由の女神」の建築が始まった日です。それから2年後の1886年10月28日に完成・除幕式が開催されています。

フランス生まれ

☆「自由の女神」は元々フランスがアメリカ独立100周年を記念して贈呈したものです。そのため「自由の女神」はフランスの方を向いて建てられています。

手に持っているモノは?

☆右手にはたいまつを持ち、左手には独立宣言書を持っています。そこにはローマ数字で「1776年7月4日」とアメリカが独立した日付が書かれています。

自由のための第一歩

☆足許にはちぎられた鎖が転がっていて、それを踏みつけています。そのため、よく見るとその鎖を踏みつけるために体を少しひねっています。

冠にもちゃんと意味がある

☆頭に付けている冠には鋭いトゲが付いていますが、数は全部で7本。これには七つの大陸と七つの海を照らすという意味があります。

実用的に作られている

☆建設当初、「自由の女神」にはちゃんと仕事があって、アメリカの公式灯台リスト381番に「灯台」として登録されていました。しかし、デザイン優先で作られていて光が弱かったために、現在は灯台リストから外されています。

ニューヨークの象徴ですが…

☆「自由の女神」がある場所は「ニューヨーク」と思われがちですが、実は自由の女神が建っている小さな島「リバティ島」はニューヨーク州ではなく、ニュージャージー州。と言ってもこれはあくまでも地理的な区分で、リバティ島を管轄しているのはニューヨーク州で、この島にある土産物屋さんの税金もニューヨーク州が徴収しているそうです。

モデルは母親&奥さん

☆「自由の女神」のモデルは、シャルロット・バルトルディという女性。これは自由の女神を設計した彫刻家の母親で、その母親の若い頃の顔をモデルにしています。そして体の方は奥さんのジャンヌがモデルになっているそうです。

台座はあの人が作った

☆ちなみに「自由の女神」が立っている台座を設計したのは、フランス人建築家ギュスターヴ・エッフェル。あのパリのエッフェル塔を設計した人なのです。

　この女神像の台座が凝った造りのデザインになっていて、その美しいデザインが評価されたこともあり、3年後にエッフェル塔のデザインに着手しています。

きょうは何の日!?

●浅間山の大噴火(1783)　●日本「郵便預規則」公布(1874)　●自由の女神の建築開始(1884)　●日本初のタクシー会社営業(1912)　●岩波書店が創業(1913)　●世界初の電気式信号機が登場(1914)　●オリンピック初の女子マラソン(1984)

August
8月
6

宇宙戦艦ヤマトの最強の敵は「裏番組」

　1977年8月6日、アニメ「宇宙戦艦ヤマト」の映画版第一作目が封切りされました。

オタク文化の出発点

☆「宇宙戦艦ヤマト」は1974年にテレビ放送されたものが再放送で話題を呼んで大ブームになり、3年後にテレビ版を再編集したものが映画館で公開されました。

☆このブームを盛り上げたのは、それまでアニメ視聴者の中心だった小学生ではなく、高校生や大学生でした。

　そのため大学などでファンクラブが誕生し、現在につながるオタク文化の基盤となりました。イベント的な盛り上がりの中、「みんなで熱狂を共有したい」と映画になったのです。

　そのことから映画「宇宙戦艦ヤマト」は、日本の映画で初めて公開前夜にファンが「徹夜で並ぶ」という事件が起こった作品になりました。

視聴率苦戦して当たり前

☆実は、テレビ放送された「宇宙戦艦ヤマト」は視聴率が悪く、予定回数を短縮されています。というのも当時、日本テレビで放送された「宇宙戦艦ヤマト」の裏番組が、フジテレビ「アルプスの少女ハイジ」、TBS「猿の軍団」とかなり強力だったからだと言われています。ほかの局もNHKが三波伸介さんの満点パパで人気だった「お笑いオンステージ」、NHK教育が「セサミストリート」、テレビ朝日が「スターものまね大合戦」、テレビ東京が「ディズニーワールド」でした。

イスカンダルの意味は

☆ヤマトの目的地は「イスカンダル」という星ですが、実はイスカンダルは「アレキサンダー大王」をアラビア語読みをした「イスカンダリーヤ」から取っています。

　この「イスカンダリーヤ」からは俊足の人のことを指す「韋駄天」という言葉も誕生しています。

戦艦大和に決まるまで

☆最初の企画はロバート・A・ハインラインのSF小説で、地球から脱出して宇宙に移住する「地球脱出」から始まり、教典を天竺から持ち帰る「西遊記」などをヒントにして組み立てたそうです。

　ちなみに企画当初は「戦艦三笠」のイメージでしたが、出来上がった船のデザインが「戦艦長門に似ている…」「でも長門はマイナーだから、大和にしよう」と変更されていったそうです。

月刊誌では書ききれない

☆キャラクターデザインを松本零士さんが行い、テレビ放送と同時に漫画連載を始めたのですが、月刊誌「冒険王」での連載だったことから、地球から飛び出して太陽系から抜け出す直前の冥王星付近の話を書いているところでテレビ放送が終了してしまいました。

　そのため、最終回はかなり端折って、「いろいろあったけど地球に戻ってきた」という形で終了しています。

きょうは何の日!?

●ハムの日　●世界初の電気椅子の死刑（1890）　●日本放送協会（NHK）設立（1926）　●日本初の公営鉄筋アパート建設（1926）　●広島への原子爆弾投下（1945）　●世界初の太陽熱での1000キロワット発電成功（1981）　●史上初の女性議長に土井たか子（1993）

August
8月
7

【「鼻毛」とは女性にデレデレしている男性のこと】

8月7日は語呂合わせで「鼻の日」。この記念日は、52年前の1961年に日本耳鼻咽喉科学会が制定したものです。

クレオパトラの鼻

☆パスカルの名言に、「クレオパトラの鼻がもう少し低かったら世界の歴史は変わっていた」という言葉がありますが、実は正しく訳すと「鼻がもう少し短かったら」となります。西洋人にとって鼻の美しさは鼻筋が通っていることで高さはあまり気にしないというか、高すぎることにコンプレックスを持っている人も多く、低くする整形手術も盛んだそうです。

☆芥川龍之介はこの言葉を作品に引用する際、「短かったら」では意味が通じないと考え、「クレオパトラの鼻が曲がっていたら」と訳しています。

鼻の低い日本人ゆえに考案

☆日本人は鼻の低さがコンプレックスになりますが、この鼻の低さがキッカケで発明も生まれています。メガネの鼻に当たる部分「パッド」ですが、あれを考案したのは江戸時代の日本人です。鼻の高い西洋人には必要なかった部品で、日本人にしか思いつかなかった発明です。

☆そして鼻が低いことで有利なのは、日本人は欧米人よりも視野が広く、危険回避がしやすいと言われています。

鼻毛が伸びてるよ

☆江戸時代、女性に甘くてうつつを抜かしている男性のことを「鼻毛」と呼んでいたそうです。これは女性に夢中になって鼻の穴を膨らませているのに、鼻毛の手入れもできずにいるようなことを指した言葉です。ほかに、「警戒心が無く、心が見透かされ騙されている状態」を「鼻毛を抜かれる」と言います。鼻の下が長くなっているというのにも通じる言葉です。

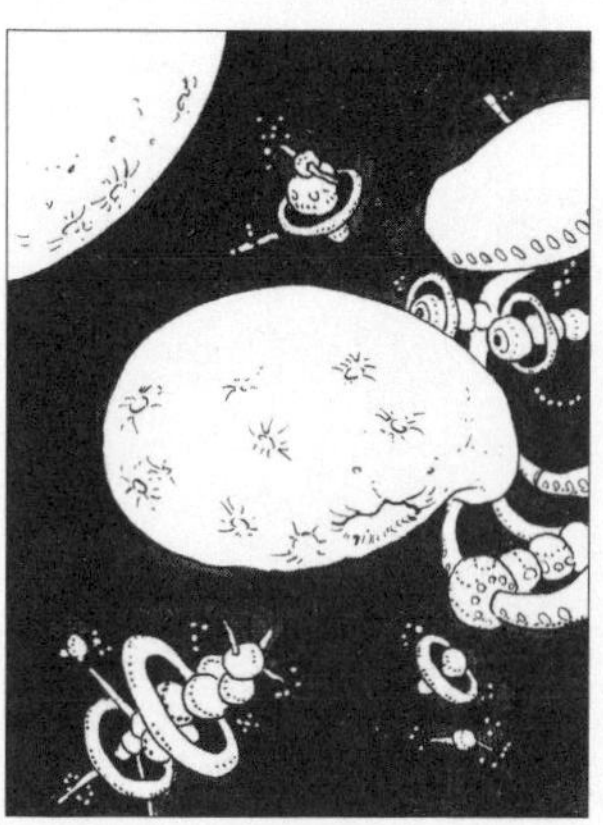

一生でこんなに伸びる

☆ちなみに鼻から出ている毛、鼻毛は一生で約2m伸びるとされています。といっても鼻毛の寿命は短いので、2mも伸びる前に切れて、生え替わってしまいます。

鼻呼吸の秘密

☆鼻は呼吸するための器官ですが、今、鼻で息をしてみると分かりますが、基本的に両方の鼻の穴では呼吸をせず、片方だけで呼吸していませんか？ 実は人間は通常、片方だけで呼吸しています。

しかし、約2時半ぐらいで右と左が入れ替わります。今、右で呼吸しているなと思った人、3時間後には左で呼吸をしていると思います。

これは寝ている最中にも起きている現象で、そのため、横向きで寝てる人が夜中に無意識のうちに寝返りを打つのも、使う鼻が入れ替わるためとされています。

きょうは何の日!?

●バナナの日　●伊能忠敬による史上初の日本地図が完成（1821）　●日本の新聞に写真が初掲載・磐梯山噴火（1888）　●ソニーが世界初のトランジスタラジオ発売（1955）　●レコード針の会社ナガオカ倒産（1990）　●多摩川にアザラシのタマちゃん出現（2002）

August
8月
8

【子供部屋を黄色にすると知能指数が高い子が育つ!?】

1966年8月8日、ビートルズのシングル「YELLOW SUBMARINE」が発売された日です。ということで、黄色についての話。

黄色はなぜ黄色なのか

☆色には赤・青・黒・白などありますが、なぜか黄色は、「黄」ではなく「黄色」と呼びます。

実は古代に使われていた色は「赤・青」と明るさを表す「黒・白」だけだったとされています。それ以外の色は何か似た物を見つけて「お茶の葉の色＝茶色」「木を燃やした灰の色＝灰色」と呼ぶようになっていきました。黄色は、「栗などの木の実色」と言われています。ほかに、「金の色」という説もあります。

黄色と知能の関係

☆色彩学では「部屋の色で精神状態がコントロールできる」と言いますが、子供部屋を黄色にすると、知能指数が高い子供が育つという説があります。色を暖色と寒色に分けると黄色は暖色の中で一番やわらかい色に分類され、やる気を出させるのと同時に精神を落ち着かせる効果もあり、勉強に集中できるそうです。赤に近すぎると活発になりますが集中力が散漫になり、青に近すぎると精神的に安定しますが元気が出ない、とあくまでも色彩心理学者の研究ではそうなっています。

俺に近づくな!

☆黄色と黒のしま模様は道路標識や工事現場で見かけることが多く、何となく「危険」を感じます。これは経験ではなく本能で「黄色＋黒＝危険」と判断していると言われています。昆虫では獰猛なハチが黄色と黒です。この模様で「危険だから近寄るな」と相手を威圧して身を守っているのです。

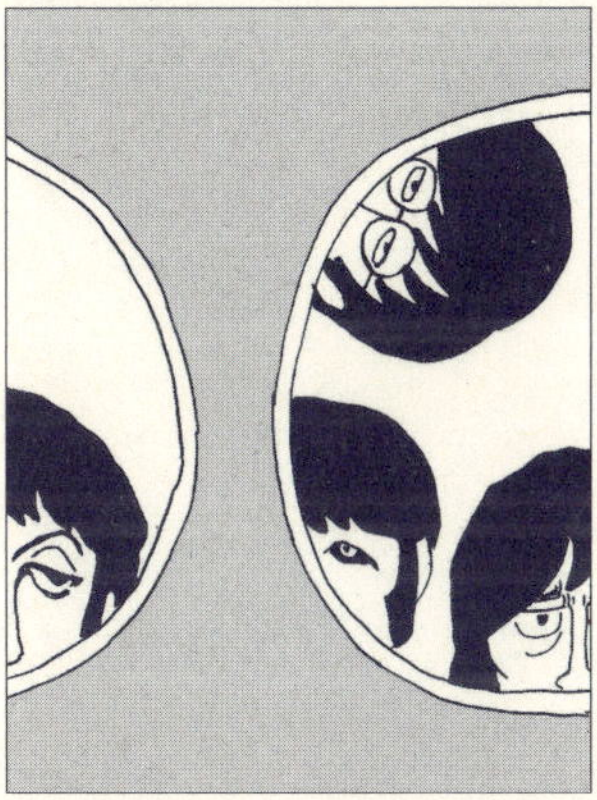

☆動物ではトラが黄色と黒です。この模様は竹林での保護色と同時に、「俺は危険」という目印なのです。海中では猛毒を持つ海ヘビに黄色と黒が多く、サメですらこの模様が見えると逃げ出すそうです。そのことを利用して、ある水族館ではサメの水槽を掃除する時は黄色と黒のしま模様のウェットスーツを着るそうです。

嫌なものを近づけない

☆黄色は嫌なものを近づけない色とされ、イギリスでは古くから「身を守る色」として黄色のハンカチなどを身に着け、お守りとしていました。これが後の映画「黄色いハンカチ」、さらに「幸福の黄色いハンカチ」に繋がっていくのです。

黄色い声ってどうして黄色?

☆黄色は危険という認識から、江戸時代に「ただならぬ状況の時の声」として「黄色い声」という言葉が誕生しています。当時、「白い声」「赤い声」など状況を色で表す言葉が流行語になっていますが、最終的には「黄色い声」だけが現代まで残ったのです。

きょうは何の日!?

●ヒゲの日、そろばんの日、デブの日 ●テニス・デビスカップ第1回大会(1900) ●小学館が設立(1922) ●長崎市平和公園で平和祈念像の除幕式(1955) ●金大中事件(1973) ●ウォーターゲート事件でニクソン辞任(1974) ●覚醒剤取締法違反で酒井法子逮捕(2009)

August
8月
9

【トビウオは秒速8～20mの速さで20秒近く空中を飛べる】

1947年8月9日、水泳400m自由形で古橋広之進さんが世界新記録（4分38秒4）を出した日です。古橋さんはその速さから「フジヤマのトビウオ」と呼ばれていました。

トビウオの記録

☆現在の水泳400m自由形世界記録は3分40秒07なので、65年で1分も短縮されたということになります。

自動車並みのスピード

☆トビウオはマグロなどの敵から逃げるためにジャンプしますが、飛距離は80～200m、1回のジャンプで20秒近くも空中を飛びます。速さは秒速8～20m、時速60km程度ですが、確認されているものでは時速70kmで一気に300mも飛んだトビウオも存在します。

なぜ飛べるの？

☆トビウオはジャンプする際、尾びれを左右に勢いよく振って数十m助走して水面に飛び出した後は、大きな胸ビレを広げて風に乗ります。ただし胸びれを翼のようにパタパタ動かす筋肉が発達していないことから、そのまま空を飛ぶことはできず、約3mの高さが限度で飛び続けることができません。

しかしトビウオは、卵から孵化して5mm程度の大きさになった時からジャンプをし始めるそうです。飛ぶのが本能なのです。

太れない体質

☆トビウオは体の構造が特殊で、物が口から入ると食道から肛門まで一直線でどこにも食べ物が止まる場所がありません。大型プランクトンなどが食糧ですが、胃がなく短い腸だけで、食べ物はここをスルッと通ってあっという間に栄養素を吸収して排泄されていくため満腹感を味わうことは永遠にできません。そのために常に体が軽く、いつでもジャンプできるのです。しかしそれと同時に常に食べ物を探してないといけないのです。

学名にある「アゴー」とは

☆トビウオの学名は「プログニクテイスアゴー（Prognichthys agoo）」です。実はこの学名は江戸時代末期に日本にやってきたシーボルトが付けました。

当時、長崎の出島付近に住んでいて、現地の言葉でトビウオが「アゴ」と呼ばれていたため学名に「アゴー」と付けたのです。その前にあるプログニクテイスというのは、ギリシャ神話で女神プログネーが夫に追われて逃げているうちにツバメになったという話がありますが、九州ではトビウオを別名「ツバメウオ」と言うこともあり、プログニクテイスは「女神プログネーの魚」という意味なのです。

アゴの意味は

☆ちなみに、長崎周辺でトビウオをアゴと呼ぶのは、「アゴが落ちるほどおいしい」からだそうです。

きょうは何の日!?

●ムーミンの日　●ピサの斜塔、着工（1173）　●長崎市への原子爆弾投下（1945）　●渋谷駅前の忠犬ハチ公像の再建（1948）　●NHKがTVのステレオ実験放送（1970）　●形状記憶合金が発表（1982）　●非自民政権・細川護熙内閣が発足（1993）　●国旗国歌法が成立（1999）

August
8月
10

あの高級チョコレートはのぞき見に由来している

1908年8月10日、出歯亀事件の池田亀太郎に無期懲役の判決が出ました。

デバガメは酷いあだ名から

☆今では死語になりつつありますが、「のぞき」をする人のことを「デバガメ」と言います。この言葉は、明治41年に殺人事件で逮捕された池田亀太郎という人物に由来しています。

　この人物、女風呂のぞきの常習犯として近所では有名だったのですが、とある殺人事件で逮捕されたのです。この時、新聞報道も、裁判での弁護士も彼のことを本名ではなく「出っ歯の亀太郎」を略したニックネーム「出歯亀」と呼んでいたことから、のぞきをすることを「デバガメ」と呼ぶようになったのです。

ピーピングトムも人名

☆デバガメを英語で言うと「ピーピングトム」ですが、「Peeping」はのぞくという意味で、「Tom」は人名です。この話は11世紀に誕生しています。イギリスで住民が重税に苦しんでいるのを見かねた領主の妻、レディ・ゴダイバが夫に対し「もっと税金を軽くしてあげてください」と意見した所、夫が「ではお前が全裸で町を一周できたら減税しよう」と、絶対にできないだろうと思って無理なことを言いつけました。ところがそれに対し、レディ・ゴダイバは本当に全裸で馬にまたがり町を一周したのです。それを知っていた市民は、家の扉を全部閉じてその姿を見ないように配慮したのですが、ただ1人それをコッソリ見ていたのが仕立屋トムでした。そこからのぞきをする人のことを「のぞき屋トム（ピーピングトム）」と呼ぶようになったのです。

この話に感動して社名に

☆ちなみに、このレディ・ゴダイバの行動に感動した人物が、自分の店の名前に夫人の名前を英語読みで「ゴディバ」と付けています。かの有名なベルギーの高級チョコレートメーカーです。

のろまを演じていた

☆不名誉な言葉に付けられた実在の人名として「のろま」があります。

　江戸時代、ブームだった人形浄瑠璃で人気が高かったのがコメディ仕立ての作品でした。賢い主人公に対して、動作が鈍く行動がトンチンカンな道化役がコンビなのですが、人気を博した道化人形を担当していた人物が野呂松勘兵衛（のろまつかんべえ）さんでした。その人形を「野呂松人形」と呼んでいたのが、次第に動作がにぶい人のことを「のろま」と呼ぶようになったのです。

助平さんはいなかった

☆不名誉な言葉では「助平（スケベ）」という言葉がありますが、これは人名の助平さんから来たのではありません。「すぐ女性を好きになる惚れっぽい男性」のことを、「好き」を擬人化した「好き兵衛」と呼んでいたのが、スケベという言葉に変化したものです。

きょうは何の日!?

●道の日、帽子の日　●ルーヴル美術館の開館（1793）　●精機光学工業（キヤノン）創業（1937）　●森永製菓がインスタントコーヒー発売（1960）　●ドラマ「太陽にほえろ!」でジーパン刑事殉職（1974）　●沖縄都市モノレール線が開業（2003）

August
8月
11

【共産党の不破哲三は小学時代、吉川英治の弟子志願者だった】

1892年8月11日、作家の吉川英治が神奈川県横浜市で誕生しました。

誤植がペンネームに

☆吉川英治の本名は「英次」ですが、ペンネームは「英治」です。実は本名のまま作家デビューを考えていたのですが、デビュー作の単行本の出版広告で「英治」と誤植をされてしまったことから、それでいいやと作家名は「英治」になってしまいました。

吉川英吉の時代

☆明治35年、11歳の時に商家に住み込みの奉公に出ています。この時は本名の英次ではなく「英吉」と呼ばれていました。実は江戸時代から商人の家では身分制度があって、主人は○○衛門、番頭は○○兵衛、手代が○○七、小僧は○○吉という名前に改名させられるシステムになっていたので、自然と「英吉」の名前で呼ばれていたのです。

住所から付けた名前

☆その後、作家を目指して小説を書き始めるようになったのですが、杉並村高円寺に住んでいた時に付けていた筆名は「杉並多摩夫」だったそうで、名前にはあまりこだわらない性格だったようです（杉並区はかつては多摩地区でした）。

こんな弟子志願者も

☆代表作は1935年8月から朝日新聞で連載を始めた「宮本武蔵」で、連載開始と同時に話題になりました。当時、小説家は弟子を取ることがあり、多くの弟子入り希望者が家を訪れたそうです。その中に小学生の少年もいたのですが、吉川英治は「20歳になっても作家になりたかったらまた来なさい」と諭しています。その少年の名は上田建二郎、後の日本共産党の不破哲三です。

　上田少年は20歳になった時はすでに政治活動をしていたので、弟子入りに再び訪れることは無かったのですが。

らしからぬミス

☆吉川英治は他の作家などが時代考証で間違った記述をしているとズバズバ指摘をして、自分の歴史知識の深さを自慢していたそうですが、「宮本武蔵」の新聞連載で、江戸時代初期にはまだ存在していなかった飛脚を登場させてしまい、読者に指摘されて単行本の時にコッソリ書き直しています。

一つだけ残した文字

☆明治から昭和初期にかけての文豪は、掛け軸などに書をしたためることもありましたが、吉川英治が残したそのような物はたった一つだと言われています。

　それは、亀戸天神近くの船橋屋の看板です。実はこの店のくず餅が大好きで、特に黒蜜が好物だったことから、無理を言って黒蜜だけを売ってもらい、パンにつけて毎日のように食べていたそうです。その無理なお願いと引き替えに、看板文字を書いたのです。

きょうは何の日!?

●個人タクシーの営業許可（1929）　●ベルリン五輪女子水泳で前畑秀子が優勝（1936）　●帝人が日本初のミニスカート発売（1965）　●「週刊ポスト」創刊（1969）　●中国で一人っ子政策（1979）　●気象衛星「ひまわり2号」打ち上げ（1981）　●アルカイダ結成（1988）

August
8月
12

【シーボルトはオランダ人のフリをしてこっそり入国した】

1823年8月12日、シーボルトがオランダ商館の医師として長崎の出島に着任しました。

オランダ人？ ドイツ人？

☆フィリップ・フランツ・フォン・シーボルトは、国籍をオランダと偽って入国したドイツ人ですが、オランダ語の分かる学生たちが「あれはオランダ語ではない」と騒ぎ始めたので、「私はオランダでも山岳地帯の出身なので言葉が違うのだ！」とごまかしたそうです。

元祖ハーフ娘

☆ずっとオランダ人として押し通していたことから、お世話をしてくれた女性オタキさんとの間に生まれたハーフの娘は「オランダおイネ」と呼ばれ、日本初の女医になりました。シーボルトはおイネが生まれた翌年に帰国しなければならなくなり、さらに帰国時、政府ご禁制の物を持ち出そうとしたことが発覚し、二度と日本へ来ることができない永久追放になっています。

欧州では知られていた日本地図

☆シーボルトの来日目的には、アジア侵略を狙ったスパイ活動もあったのでは？と言われています。政府の極秘資料だった伊能忠敬の日本地図などをヨーロッパにこっそり送っています。日本では国の全体像が描かれた地図はよっぽどのことがないと見られませんでしたが、ヨーロッパでは普通に出版されて知られていたそうです。

間宮林蔵を讃える

☆「シーボルトは怪しい」と幕府に報告したのは間宮林蔵ですが、シーボルト自身は帰国後にその間宮林蔵の偉業を讃え、地図に「マミヤ・ノ・セト」と間宮海峡の地名を考案しています。

あの帽子
ドイツんだ？
オランダ！
なんつってな
なんか必死にごまかしてますけど…

北海道から大陸に渡った伝説

☆シーボルトの研究の一つに「源義経がジンギスカンになった」という伝説もあります。実は間宮林蔵が蝦夷地を調査したきっかけもジンギスカン伝説の検証目的だったそうです。

アジサイの学名には

☆雑学的に「アジサイの学名はシーボルトが奥さんのお滝さんの名前を付けたハイドランゲア・オタクサ」と言われることがありますが、実際にはシーボルトが付けたこの学名は採用されていません。

九官鳥が連呼する名前

☆昔は九官鳥が喋るセリフとして「オターケさん」というのが有名でしたが、これはシーボルトが西洋から連れてきた珍しい鳥に奥さんの名前「お滝さん」と呼ばせていたのがきっかけです。

そして娘との再会を果たす

☆シーボルトは永久国外追放だったのですが、明治時代となった1859年に再来日して32歳になった娘のイネさんと再会を果たしています。

きょうは何の日!?

●ミシンの特許（1851） ●小学校の式典唱歌に「君が代」などを公示（1893） ●ハワイがアメリカに吸収される（1898） ●日中平和友好条約が締結された（1978） ●IBMが初のパソコン発売（1981） ●日本航空123便墜落事故（1985） ●グリコ・森永事件で終息宣言（1985）

August
8月
13

【アルプススタンドの命名者は高校時代の岡本太郎】

1927年8月13日、日本放送協会（NHK）が第13回全国中等学校野球大会を、甲子園球場から全国へラジオ中継。これが日本初のスポーツ実況中継でした。

甲子園ってどんな意味？

☆甲子園球場が完成したのは大正13年の8月1日です。この年の干支が「甲（きのえ）・子（ね）」だったことから「甲子園大運動場」と名付けられ、その後「甲子園球場」と呼ばれるようになったのです。

甲子園が燃えているぜ！

☆甲子園の土は普通の土より黒っぽいものが使われています。これは太陽の照り返しを考えてなのですが、最初は淡路島から土を全部運んで作られていました。しかし、そのために当時の甲子園は大雨が降ると水はけが悪く、試合が再開できなくなることもありました。

そこでグラウンドにガソリンをまき、火を点けて乾かすという荒技も使っていましたが、この方法はグラウンドの土が硬くなってしまい、悪影響が出るので禁止となりました。

アルプススタンドの命名者

☆甲子園名物「アルプススタンド」の命名者は、当時まだ18歳だった岡本太郎さんです。漫画家だった父親・岡本一平さんと高校野球観戦に訪れた高校生の太郎さんは、白いシャツ姿の学生で埋まった外野スタンドを見て、「まるでアルプス山脈のようだ」と呟きました。

当時、朝日新聞で一コマ漫画を連載していた父親の一平さんが翌日の漫画にその言葉をそのまま使ったことから、それが一般的になったのです。

☆「アルプススタンド」という言葉が定着した後、外野席のことも便乗して「ヒマラヤスタンド」と名付けたのですが、そっちは定着していません。

随分とズレています

☆公認野球規則では「ホームベースからプレート、二塁を結ぶ直線は東北東へ向かっているのが理想」とされていますが、甲子園球場はそれが南南東を向いていて90度もずれています。

ベンチは打たれ強い

☆現在、甲子園球場の選手用ベンチは星野仙一さんが阪神タイガースの監督時代に「ナゴヤドームのベンチと同じもの」と指示して入れ替えさせたコトブキ社製のベンチです。実は中日ドラゴンズの監督時代に、ナゴヤドームで使われていたベンチがいくら蹴り飛ばしても壊れなかったことから気に入っていたのです。

閑散とした理由は…

☆甲子園で開催された日本シリーズの最終戦で、最も客の入りが悪かったのは1964年です。満席で5万人が入るところに1万5千人だけでした。実はこの日は、東京オリンピックの開会式とぶつかっていたためです。

きょうは何の日!?

●国際左利きの日、女性の日、函館夜景の日　●箱根登山鉄道設立（1923）　●八木アンテナの特許（1926）　●ベルリンの壁の建設開始（1961）　●三光汽船が負債総額約5200億円で倒産（1985）　●国旗国歌法公布・施行（1999）

August
8月
14

【動物学者のシートンはボーイスカウトの考案者でもある】

　1860年8月14日は、動物学者・シートンの誕生日です。

大量の仕事を受けたのは

☆シートンは最初、動物の挿絵画家としてデビューしました。21歳からの数年間、どんな依頼にも応えて大量の作品を書き残していますが、それには理由がありました。シートンは父親と対立しており、早く独立したいと考えていたのですが、21歳の時に突然、「養育費の返済」を命じられたのです。その明細表にはシートンが誕生した時の出産費用に始まり、食費・学費などなどが正確な日付と共に細かく書き留めてあったそうです。

　金額は、当時のお金で537ドル50セント。さらに、それに年六分の利息を付けて返せと言い渡されたのです。

　そこでシートンは奮起し、3年後には誰もが知る有名挿絵画家になり、借金を返済したのです。逆に言うと、シートンが有名になれたのもその父親のお陰かも知れません。

意外なお友達

☆挿絵作家と同時に動物学者としても活動を始めたのですが、自分が採取した鳥類の標本などを各地のコレクターと交換する方法を思いつき実行しています。その相手の1人に、ニューヨーク州ロングアイランドに住んでいたルーズベルト青年がいました。後に大統領になったあの人物です。

あの団体のきっかけ

☆シートンと言えば動物学者として有名ですが、実は世界的組織「ボーイスカウト」が創設されるきっかけを作っています。

☆動物の研究で常に自然の中で生活していたことから、シートンはアウトドア活動に関心を持ち、軍人で青少年向けの教育者だったロバート・パウエルに「青少年にアウトドア活動を勧めることは教育にとても良い」と手紙を送りました。

　それがきっかけで「ボーイスカウト」が誕生しています。

無かったことにされる

☆初代チーフスカウトとなったシートンですが、その活動が徐々に軍事訓練的な色合いが強くなっていったことでパウエルを批判しました。それがきっかけでいきなり解雇され、創設者としての名前を外されてしまいました。そのためシートンは、ボーイスカウトはそもそも自分のアイデアだと裁判を起こしています。

シートンの痕跡が

☆ボーイスカウトの年少チームは「カブスカウト」と言いますが、この「カブ」とはオオカミの子供の意味。ほかにも「ビーバースカウト」など動物の名前が付けられていて、こんなところにシートンが関わっていた名残があります。

きょうは何の日!?

●グリーンデー　●「仮名手本忠臣蔵」大阪で初演（1748）　●札幌学校が開校（1876）　●日本初の専売特許証交付（1885）　●イギリスで世界初のミスコン（1908）　●京都に大雨「集中豪雨」という言葉が誕生（1953）　●住友銀行が日本初のオンラインシステム開始（1967）

August
8月
15

【テニスの審判はどんな国の言葉でも暴言を聞き逃さない】

1920年8月15日、第7回ベルギー・アントワープオリンピックで日本が初のメダル獲得。この大会には日本人選手が16人出場し、テニスでシングル2位、ダブルスが2位で銀メダルを獲得しています。

変な点数の数え方

☆テニスの得点は0→15→30→40で、45ではなく不規則に40。なぜ40なのかについては諸説あり、forty-fiveが発音しにくいからという説がよく言われていますが、現在テニス協会の見解では「理由はよく分からない」となっています。

なぜサービス?

☆テニスの最初のショットを「サービス」と呼ぶのは、初期のテニスが勝ち負けではなく、何回連続して打ち合うことができるか? というもので、第1球目は召使いが「旦那様、入ります」と打ち易い球を投げ込んだことから来ています。

お上品な言葉で

☆テニスはマナーに厳しく、コート上で汚い言葉を発言するのもペナルティです。

そのため4大大会の審判員は24カ国語の悪口を把握していなければなりません。

腕時計をし始めた元祖

☆以前は腕時計をして試合をする選手はいませんでした。腕時計をはめた元祖はクリス・エバートです。それ以降、真似をして腕時計をする選手が増えました。実はクリス・エバートはロレックスと契約をしています。

グランドスラムってどういう意味?

☆テニスの4大大会、全豪オープン、全仏オープン、全米オープン、そしてイギリスのウィンブルドン選手権を制覇することをグランドスラムと言います。

グランドスラムというのはトランプのブリッジというゲームに出てくる用語で、すべてを圧倒して勝利することを意味しています。この場合の「スラム」は、荒れた街を意味するスラム(slum)ではなく「フタを閉める(slam)」のことで、これで終わりという意味です。

借金がキッカケの大会

☆ウィンブルドン選手権は、1877年に第1回大会を「クロッケー・クラブ」という別のスポーツのクラブが主催しています。主催したこのクロッケー・クラブは当時、財政難で借金を抱えていたのですが、「最近、テニスってのが話題になっているけど、まだどこも大きな大会をやってないから今開催したら話題になるよね」という目論みで開催しました。

その大会が予想より客入りが良く、借金もあっという間に返せたことから気を良くし、翌年も大会を主催するようになり、それが後にイギリス最大のテニス大会に発展していったのです。

きょうは何の日!?

●刺身の日　●蝦夷地に開拓使を設置(1869)　●森永製菓の前身社が創業(1899)　●与謝野晶子「みだれ髪」発刊(1901)　●パナマ運河開通(1914)　●第二次世界大戦終結(1945)　●大韓民国が成立(1948)　●富士山頂レーダーが完成(1964)

August
8月
16

赤道直下は意外と暑くない

2007年8月16日、岐阜県多治見市（14時20分）、埼玉県熊谷市（14時42分）で、観測史上日本最高気温の40・9℃を記録した日です。

その前の記録は74年前

☆それまでは1933（昭和8）年7月25日に山形県で観測された40・8℃が最高気温で、74年ぶりの更新でした。40・8℃というのは、盆地特有の山を越えて熱波が吹き下ろすフェーン現象にいろいろな条件が重なった結果でした。

明治・大正時代の記録

☆明治時代の最高気温は、明治42年新潟観測所での39℃。大正時代の最高気温は大正7年に同じく新潟観測所での37・9℃なのですが、今となっては大騒ぎするような気温ではありません。

意外と暑くない沖縄

☆日本の中で一番赤道に近い沖縄県の気温は高いイメージがありますが、過去に記録された最高気温は石垣島での35・2℃が最高で、那覇市でも35℃が最高だそうです。これはやはりフェーン現象が起こるような地形がないことからなのです。

世界の暑さ記録トップ3は？

☆世界一の暑さを記録したのは、1921年7月8日イラク南東部のバスラで記録された58・8℃です。日本の最高気温を18℃近く上回っています。2位がリビア北西部にある町アジジャで57・8℃、3位がアメリカ・カリフォルニア州東部のデスバレーで56・6℃です。

赤道直下は暑くない？

☆赤道直下は暑い印象がありますが、赤道付近は空気の動きが激しく、そこから少し離れた地域の方が暑くなるそうです。世界1位のイラク、2位のリビア、3位のカリフォルニア、これらの地域はすべて赤道から3000キロぐらい離れていて、緯度は沖縄と大して変わりません。沖縄と違うのは内陸部ということです。日本はどこも海からそれ程遠くないことから、この程度の気温で助かっているのです。

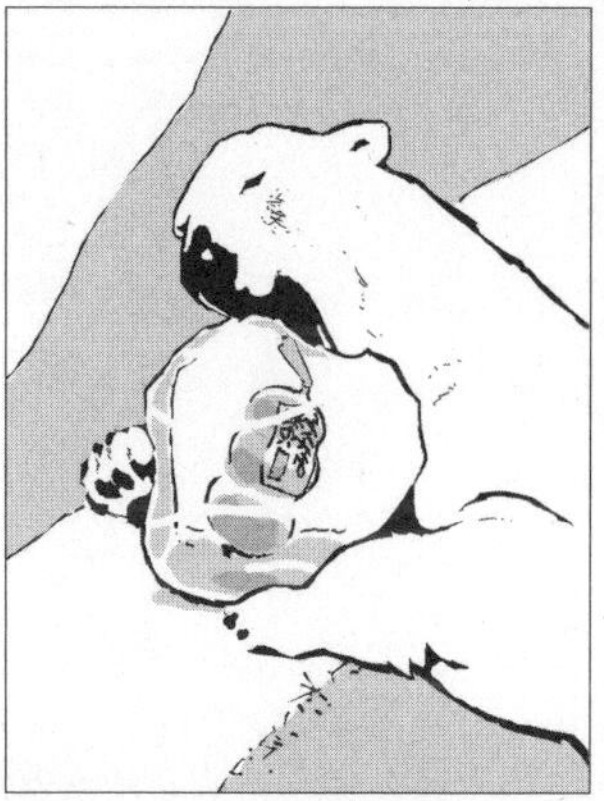

汗をかかない方法？

☆女優さんが暑い時期の撮影時に汗をかかない方法として「少しきつめのブラジャーをする」という方法があるそうです。これにより顔の汗や脇汗を抑えることができるそうです。体の一箇所の汗をかき易くすると、ほかの箇所の汗が止まるという効果ですが、あくまでも一時的なもので長時間行えません。

☆簡単にできる対処法として手首を冷やす方法があります。冷たい缶飲料などを手首の血管に1分ぐらい当てているとスッと汗が引きます。というのも太い血管には大量の血が流れていて、冷やされた血液が約1分で体全体を巡るからです。首筋など太い血管が通っている場所を冷やすのが効果的です。

きょうは何の日!?

●元寇で神風により元軍が壊滅状態（1281）　●長崎～釜山間の海底電線が完成（1895）　●日本に初の女子学生が誕生（1913）　●上野動物園の猛獣処分指令（1943）　●ビートルズにリンゴ・スターが加入（1962）　●静岡駅前地下街爆発事故（1980）

August
8月
17

【江戸時代、清水の舞台から毎年のように飛び降りる人がいた】

798年8月17日（延暦17年7月2日）、坂上田村麻呂が清水寺を建立しました。

特殊な建築法

☆京都・清水寺は132本のケヤキを、釘を1本も使わずに組み上げて建てられています。ケヤキの耐久年数は約800年と言われていますが、現在の舞台は1633年に再建されたもので耐久年の半分近い400年が経過しています。実は400年後の立て直しを見越して、ヒノキの育成がすでに始まっています。

☆ちなみに、釘を使わない清水寺の建築方法は「地獄どめ」と言います。

舞い踊ってはイケナイ

☆清水の舞台はいわゆる芸能ごとをするための能舞台ではなく、参拝者が眠る場所。そこで寝て夢の中で観音菩薩のお告げを聞くための場所です。

実際に多くの人が

☆思いきったことをする代名詞として「清水の舞台から飛び下りる」という言葉が使われますが、清水寺塔頭の成就院記録「成就院日記」には、江戸時代1694年～幕末1864年の飛び降り件数の記録（途中22年間分は紛失しているため148年分）が残っています。

その間、未遂事件を含めて235件が記録されていて、つまり年平均1・6件もの飛び降りがあった計算になります。

生存者と死者

☆清水観音に命を託し、「飛び降りて助かれば願い事が叶い、死んでも成仏できる」ということで飛び降りる人が後を絶たなかったのですが、男女比は7対3、最年少12歳、最高齢80代でした。10～20歳代が全体の73％。飛び降りの生存率は85・4％。しかし73％を占める10～20歳代の生存率は90％で、60歳以上の飛び降りは全員死亡しています。

禁止令が出るのが遅すぎ

☆この飛び降りは社会問題にもなり、周辺住民の要請で舞台に柵を設けたりもしていましたが、最終的に明治時代になって政府が1872（明治5）年に「飛び降り禁止令」を出し、信仰も下火になったということです。

危険なので飛んじゃダメ

☆地面までの距離は約12m。確実に飛び降り自殺で死ぬには20mが必要とされているので、自殺するには高さが足りません。ただし舞台の真下に岩で出てきた傾斜があるためそこで頭を打ったり、バウンドして予測不能な所へ転がるなどして死亡するケースが多いそうです。

一人はリピーター

☆未遂を含め235件、234人が飛び下りていますが、飛び下りた人の数が1人少ないのは洛中に住んでいた女性が2度飛び下りているためです。

きょうは何の日!?

●パイナップルの日　●鎌倉大仏の鋳造開始（1252）　●明治政府が切り捨て御免を禁止（1871）　●パリで世界初のアニメ映画上映（1908）　●千円紙幣を発行（1945）　●インドネシアがオランダから独立（1945）　●日本プロ野球初のナイター（1948）

August
8月
18

【童謡「たき火」は放送禁止歌だった】

1945年8月18日、ラジオで「恋」という言葉が解禁になった日です。

恋も愛も無かった時代

☆戦時中はチャラチャラした言葉は戦気をそぐという理由で規制され、ラジオや新聞など公共のメディアで使えない言葉がありました。

その中に「恋」という言葉もあったのですが、第二次世界大戦が終結して3日目のこの日、「恋」という言葉がラジオで復活したのです。

この童謡も放送禁止曲？

☆その中で意外な戦時下放送禁止曲に童謡の「たき火」があります。「垣根の垣根の曲がり角 たき火だ たき火だ 落ち葉たき～♪」と歌うこの曲は、第二次世界大戦が始まった年に作られ、対戦が始まった翌日の昭和16年12月9日に初めてラジオで放送されました。

しかし軍部からの命令で1回限りで放送禁止になり、終戦まで放送されませんでした。その理由が「戦時下で焚き火なんかしたら敵に居場所を教えることになるから」という訳の分からないものだったのです。

あの出版社も漢字を変更

☆学習雑誌などで有名な「旺文社」の社名は「旺」という文字ですが、昭和6年の設立当初は、読みは同じですが「欧」の字を使う「欧文社」でした。

しかし戦況が激しくなった昭和17年に「その漢字はヨーロッパを意味する欧という文字だから違うものにしろ！」というくだらない理由で、現在の旺文社という漢字表記に変更させられています。欧州には同盟国もいたので過剰な規制だと思いますが。

いろいろと混乱しています

☆雑誌名なども外国語を使っていたものは変更させられています。その中で日本初の週刊誌「サンデー毎日」も変えろということになったのですが、サンデー毎日を日本語にすると「日曜毎日」です。

それでは意味不明ということから「週刊毎日」になりました。でも「週刊毎日」も、週刊誌なのか日刊紙なのかよく分からない名前です。

アメリカでも言語統制

☆同じような例はアメリカにもあり、現在「フレンチトースト」と呼ばれている料理は昔、アメリカでは「ジャーマントースト」と言われていました。しかし第一次世界大戦の時に敵対したドイツの名前がついた食べ物はイカン！ ということから「フレンチトースト」に変えられたという説があります。

もっとも、このフレンチトースト、2003年にイラク問題でフランスに対してボイコット運動が起こった時にはアメリカ全土で名前を「フリーダムトースト」と一時的に変えたこともありました。

きょうは何の日!?

●漂着したポルトガル人によりカボチャが伝えられる（1541） ●ワシントンへ日米友好の桜2000本寄贈決定（1909） ●第1回全国中等学校野球大会（1915） ●作家・谷崎潤一郎の細君譲渡事件（1930） ●満州国が消滅（1945） ●アメリカで経口避妊薬ピル発売（1950）

August
8月
19

【ねずみ小僧の元カノは、二宮金次郎の奥さん】

1832年8月19日、ねずみ小僧次郎吉（36歳）が鈴ヶ森刑場で処刑されました。

義賊じゃなかった

☆ねずみ小僧というと、一般的には大名屋敷などから小判を盗み出し、庶民に分け与える「義賊」として描かれていますが、実際のねずみ小僧は盗んだ金は全部ギャンブルか女遊びにつぎ込んでいました。もっとも大名や武家屋敷ばかり狙うので、庶民からは「いい気味だ」と、その活躍を歓迎されていたようです。

ちまちまと盗んでいた

☆ねずみ小僧が盗むのは金だけで、しかも大判などの金貨は盗みませんでした。

衣類や刀剣などは換金しなくてはならず、十両判以上の高額硬貨も足がつきやすいということから、もっぱら小銭専門の盗人でした。

千両箱を担ぐのは大変

☆時代劇などで盗み出した千両箱を小脇に抱えて屋根の上を走り回る姿が描かれていますが、千両箱の重量は小判がギッシリ入っていると15kg以上になってかなり重いので、軽快に走り回れるかは不明です。

かなりの稼ぎ

☆ねずみ小僧の活動は約9年間。その間に99カ所の武家屋敷に122回入り、総額はおよそ3000両（現代に直すと1億円以上）とされています。

庶民のヒーローに

☆ねずみ小僧が処刑された後、庶民の間でねずみ小僧の活躍を称える話ができあがり、1857年に市村座での正月興行「鼠小紋東君新形（ねずみこもんはるのしんがた）」として歌舞伎で上演され、大評判となります。記録に残されていませんが、これ以前にも講談などがあったとされています。

☆歌舞伎で話題になったため、それまで囚人用の共同墓地に埋葬されていたのが小塚原回向院（荒川区／浄土宗）に墓が作られました。この墓石を削って持ち歩くとギャンブルに勝つと言われるようになり、今ではその墓に削り取るための石まで準備されています。

☆ちなみに回向院には吉田松陰や、桜田門外の変で大老・井伊直弼を殺害した水戸浪士、明治9年最後の斬殺刑になった高橋お伝の墓もあります。

遠距離恋愛の相手は

☆ねずみ小僧次郎吉は相州足柄上郡栖山村出身で、幼なじみだった女性と恋仲になりましたが、田舎暮らしに愛想を尽かした次郎吉は江戸に出て行ってしまいます。

その後も田舎に住む彼女に何度か贈り物をするなど遠距離恋愛をしていたのですが、結局その彼女は隣村に嫁に行きました。その結婚相手が実は二宮金次郎だったという説があります。

きょうは何の日!?

●世界初の実用的カメラが誕生（1839）　●日露修好通商条約締結（1858）　●日本初のテレビが一般公開実験（1939）　●第1回技術士試験合格発表（1958）　●ビートルズが正式メンバー4人で初LIVE（1962）　●映画会社がTVでの放送を認可（1963）

August
8月
20

【ライオンは、ジャングルには住んでいない】

1951年8月20日は、手塚治虫の名作「ジャングル大帝」単行本の発売日です。

ミスが生み出した主人公

☆「ジャングル大帝」は手塚治虫の代表作の1つで、白いライオンのレオが密猟者や敵対する猛獣たちからジャングルの平和を守り抜く壮大な物語です。

☆主人公レオが白いライオンになったのは、ちょっとした手塚さんの失敗がきっかけになっています。

ある出版社から動物の絵本を頼まれた手塚さんは、徹夜で絵を描き上げました。しかし朝になってライオンの絵を見てみると、黄色に塗ったはずが真っ白だったのです。実は、当時の電灯の光がかなり黄色みを帯びていたことから、思っていた色になっていなかったのです。結局その絵本は没になりましたが、この時誕生した白いライオンが、その後「ジャングル大帝」として作品になったのです。

場所設定がミスだった?

☆ストーリーはジャングルの平和を守り抜くライオン、レオの物語ですが、本来ライオンは平原で生活する動物で、ジャングルいわゆる密林地帯には足を踏み入れません。

重厚な大河ドラマの遊び心

☆漫画の「ジャングル大帝」は大河ドラマになっていて、主人公レオが成長して息子の代へと物語が続いていきます。

そこに出てきた双子の子供の名前は「ルネ」と「ルッキオ」、これは逆さから読むと「寝る」と「起きる」です。

レオさん

☆俳優・森本レオの芸名「レオ」は「ジャングル大帝」から取ったものではありません。森本さんはデビュー時、ラジオの仕事で自分を「俺」と呼んでいたのをディレクターから「品が無いので自分の事は僕か私にしてください」と指導されています。それが嫌だったので「芸名を森本オレにしてしまえば自分の事をオレと呼んでも問題ないだろう」と考えたのです。それは却下されましたが、その時の森本オレを森本レオにして今に至っています。

アトムさん

☆同じく俳優に「下條アトム」さんがいます。こちらは芸名ではなく本名。しかも誕生したのは「鉄腕アトム」の雑誌連載より前です。俳優であるお父さんの下條正巳さんが終戦直後に誕生した息子に「これから原子力の平和利用が盛んになる」と考え命名したのです。その下條アトムさんの初テレビ出演は、「私の秘密」という番組で、「この少年の名前は何でしょう」というものでした。

しかもその時、偶然に同級生にいた「ウラン」という名前の女の子と一緒でした。その女の子のフルネームは「加来ウラン」。事実なのか作り話なのか不明ですが、下條さんが思い出話として語っています。

きょうは何の日!?

●奥州平泉に中尊寺金色堂が建立(1124)　●曲亭馬琴「南総里見八犬伝」完結(1842)　●蚊からマラリア原虫が発見(1897)　●日本初の3色灯自動信号機が登場(1930)　●高村光太郎の詩集「智恵子抄」刊行(1941)　●火星探査機「バイキング1号」打ち上げ(1975)

August
8月
21

【お産婆さんは大名行列を横切っても大丈夫】

幕末の文久2年8月21日（陽暦1862年9月14日）は、生麦事件が起こった日です。

戦争の引き金に

☆幕末期に海外交易を再開した日本で、イギリス商人一行が薩摩藩の大名行列を下馬せずに横切った時、「無礼者！」と藩士に斬殺された事件です。

　これがきっかけで薩摩藩とイギリスの間で薩英戦争が起こっています。

生麦事件に関わっていたあの人

☆この時にイギリス商人1人が亡くなり2人が重傷を負っています。治療にあたったのが近くに住んでいたアメリカ人医師ジェームス・ヘボン博士。このヘボン博士は、ローマ字の読み方のヘボン式に名を残している方で、明治学院大学とフェリス女学院の設立に関わった人です。

★横切っても大丈夫な特権

☆大名行列を横切ってはいけないというのは江戸時代の人は誰でも知っているルールでしたが、お産婆さんだけは横切ってもいいとされていました。

　出産という緊急事態は何よりも最優先されるもの、赤ちゃんの命は何よりも大切なものとして、大名行列もお産婆さんを優先させたのです。

「下に～下に～」だけじゃない

☆大名行列というと、「下に～下に～」と掛け声があり、その場に居た人は道の脇で土下座をするという印象がありますが、それは将軍と徳川御三家（尾張徳川、紀州徳川、水戸徳川）の行列だけです。ほかの大名の行列は「片寄れ～片寄れ～」という掛け声で、人々も道の脇に避け、立ったまま行列を見学していてもよかったそうです。

江戸に入った時のルール

☆さらにルールがあって、徳川御三家は街道を歩く時は「下に～下に～」ですが、江戸に入ると他の大名と同様の「片寄れ～片寄れ～」に掛け声が変わります。これは将軍のお膝元である江戸城周辺では、徳川御三家も身分は下になるためです。

経費節減でいろいろ工夫

☆参勤交代は、どの藩にとっても経費がかかって大変でした。人数を減らし経費節減を考えたのですが、人数が少ないと「貧乏だ」とバカにされることもあり悩みが多かったそうです。そのため江戸周辺の街道、東海道では横浜や川崎の宿にアルバイトで大名行列に並ぶ武士が大量に常駐していました。江戸入り直前に人数を増やし「あの藩は勢いあるねぇ」と思わせたのです。もっとも江戸の人々にとっては毎回お馴染みの顔が混ざっていることでバレていたみたいです。

☆九州など遠くから参勤交代の旅をする藩は、道中はほとんどマラソンのように駆け足で移動して、短期間で江戸に着くように努力したそうです。

きょうは何の日!?

●源頼朝が征夷大将軍に就任（1192）　●地震で川がせき止められ猪苗代湖が誕生（1611）　●上野公園で第1回内国勧業博覧会開催（1877）　●天気図が新聞に登場（1924）　●帝銀事件の被疑者・平沢貞通が逮捕（1948）　●ハワイがアメリカ50番目の州に（1959）

August
8月
22

【「笑っていいとも」と「タモリ倶楽部」は同じ週に始まった】

1945年8月22日は、タモリさんの誕生日です。

複雑な家系

☆タモリさんは終戦直後の誕生ですが、「その10カ月前に親父は戦地にいたはず…」と語っています。

複雑な事情があるのかもしれませんが、家系がそもそも複雑で、お婆さんが叔母さんで両親は兄妹です。これは祖父母に子供が無く、お爺さんが姪っ子を長女として、お婆さんは弟を長男として養子縁組しています。養子縁組された二人は姉弟ですが、血が繋がっていないことから後にこの二人が結婚し、誕生したのがタモリさんなのです。ですから父親の戸籍上の母親は父親の姉で、祖母は叔母さん…と説明すればするほど分からなくなる家系なのです。

芸名の芸名

☆本名は森田ですが、早稲田大学モダンジャズ研究会にいた時に、ジャズ業界の言葉をひっくり返す隠語遊びからタモリと呼ばれ始めました。芸名として有名になった時、友人がさらにひっくり返し「リータモ」と呼んでいます。

ルーツの無い笑い

☆タモリさんが福岡県でボウリング場の支配人などをしていた時に、地方巡業中のジャズピアニスト・山下洋輔さんと出逢ったことから「九州に面白いヤツがいる」と東京に呼び出され、そのままズルズルと芸人になってしまいました。

当時の持ちネタはイグアナの形態模写、一人で数カ国の人が麻雀をする四カ国語麻雀など。斬新なものが多く、それまでの芸人は師匠について何年も勉強する人がほとんどだった時代に、まったくルーツの無い新しい笑いだったのです。

笑っていいとも

☆1982年10月3日から30年以上も「笑っていいとも」の司会をしています。

20年目の2002年、「同一司会者による生番組の放送回数」でギネス認定されている長寿番組ですが、実はその週の金曜日、1982年10月8日には「タモリ倶楽部」も始まっています。

つまり、タモリさんの長寿代表番組2つは、1982年10月の同じ週にスタートしているのです。

いろいろと長い

☆ほかにミュージックステーションの司会も1987年から務めています。実はミュージックステーションの初代司会者は関口宏さんです。しかし関口さんが「若者向けの音楽はよく分からない」という理由から半年で降板し、タモリさんに変わりました。そして現在、「日本での同一司会者による音楽番組記録1位」となっています。

☆他にも単発番組ですが、ミステリードラマ「世にも奇妙な物語」の語り部役を1990年から20年以上も務めています。

きょうは何の日!?

●ジュネーヴ条約調印により国際赤十字が発足（1864）　●戦中は禁止されたラジオ天気予報が復活（1945）　●植村直己が犬ぞりでグリーンランド単独横断（1978）　●台湾の旅客機墜落で作家・向田邦子死去（1981）　●山陽相互銀行がトマト銀行と改称（1988）

August
8月
23

【ルイ16世は自分の指名手配書を自分で作っていた】

1754年8月23日、フランス国王・ルイ16世が誕生しています。

キッカケはおじいちゃん

☆ルイ16世は、お后だったマリー・アントワネットと共に贅沢三昧の日々を過ごし、国民の反感を買ってフランス革命を起こされた王様です。

☆革命のきっかけは祖父ルイ15世で、政治には無関心なくせに戦争で領土を広げることには熱心で、庶民の暮らしを圧迫したことが最初とされています。

経済混乱に拍車を掛ける政策

☆フランスの財政は破産寸前になり、金貨が国外流出したことから急きょ、ルイ16世の肖像画が描かれた紙幣を印刷して経済を回そうと考えました。しかし無計画に紙幣を印刷したことから、さらに財政が混乱してしまったのです。

最後までゴージャス

☆フランス革命が起こった時、ルイ16世とマリー・アントワネットはパリを脱出し、マリーの故郷・オーストリアに逃げることになりました。しかし脱出用に用意された馬車を見てマリーが「こんな狭い馬車はイヤ！」と大きな馬車を要求し、さらに「内張りは白のベルベットで、クッションは宮殿で使っている物と同じにしなくちゃイヤ」と注文を出したために、脱出が遅れてしまいました。

夜逃げにしては大荷物

☆本来はこっそりと脱出するはずだったのですが、二人が乗る巨大な馬車と、調理一式ができる馬車、大量のワイン樽を積んだ馬車などで、パレードのような一団になってしまいました。しかも馬車が重すぎてスピードが出なかったため、脱出を手助けするために郊外で待機していた護衛隊が、いつまで待っても来ないので職務放棄をしています。

自分で作った指名手配書

☆それでも何とかオーストリアとの国境の町にたどり着いた一行でしたが、相変わらず緊迫感がない二人は、「これでフランスともしばしのお別れ」とその国境の町を散歩し始めたのです。

　ルイ16世は「こんな田舎町では自分の顔なんて直接見たことのある人は居ないだろう」と考えていたのですが、脱出用とは思えない豪華な服装と、例の急遽発行した紙幣にルイ16世の肖像画がバッチリ描かれていたことから「あれはお尋ね者のルイ16世だ」と分かってしまい、あっさりと捕まってしまったのです。

パリ祭の呼び方は日本だけ？

☆フランス革命の起こった7月14日を「パリ祭」と呼ぶのは日本だけです。それは1932年にフランスの映画監督、ルネ・クレールの映画を公開する際、直訳の「7月14日」では意味不明だし「フランス革命記念日」では戦争映画と勘違いされると考えて、「巴里祭（パリさい）」という名前を考案したのです。

きょうは何の日!?

●ウクレレの日　●会津藩の白虎隊が飯盛山で自刃（1868）　●電柱広告の許可（1890）
●コペンハーゲンの人魚姫像が初公開（1913）　●日本がドイツ帝国に宣戦布告（1914）
●ストックホルム銀行立てこもり事件（1973）　●島田紳助が芸能界引退（2011）

August
8月
24

【日本初の星占いの本を書いたのは「赤とんぼ」の作曲者】

1930年8月24日、この日のイギリスの新聞に、世界初の占い欄が登場しました。

元祖占いが最初に占ったのは

☆世界初の占い連載は、イギリスの新聞「サンデーエクスプレス」で始まりました。

その内容は誕生したばかりのマーガレット女王の将来に関する占いでしたが、本来めでたいことを書くべきところに「彼女は将来、結婚は難しい」とトンデモないことが書かれています。しかし女王はその後結婚しているので、元祖新聞占いは外れたということになります。

文字の成り立ち

☆「占」という漢字、上にある「卜」はカタカナのトではなく、漢字の「卜（ぼく）」という文字です。この文字は、紀元前1700年頃の中国にあった、カメの甲羅を使った占いに由来しています。甲羅を火で炙り、ひびの入り方で吉凶を判断する占いがありますが、そのひびを表した漢字が「卜」です。ボクという読みも甲羅がひび割れる瞬間の音を表した物だとされています。そこで出た結果を口に出して言うのが「占い」だったのです。

占う魚とは？

☆魚編に占うと書いて「鮎（あゆ）」ですが、これは神話時代の仲哀（ちゅうあい）天皇のお妃・神功（じんぐう）皇后が魚釣りをした時に、釣れるかどうかを占った魚が鮎だったからと言われています。

しかし鮎の右側の占の字は占いとは関係なく、この字が持つもう一つの意味で、「占領・独占」などに使われる「占める」で、「縄張り意識が強く他の魚が入って来ないように場を占領する魚」という意味でした。実は中国では、魚編に占うと書くと「ナマズ」を意味し、アユは別の漢字で表します。

日本初の星占い、執筆者は？

☆イギリスの新聞に占いが初登場するのより5年早い1925年（大正14）には、日本初の星占い本「生まれ月の神秘」という本が発行されています。

当時は星座で説明するのが面倒だったこともあってか、「何月生まれの人は」と月ごとに紹介しています。実はこの本を書いたのは「赤とんぼ」などの作曲で知られる山田耕筰さんです。お姉さんがイギリス人牧師と結婚したことで星占いを教えられたそうですが、その後ほかの占いにも凝っています。

姓名判断の結果

☆山田耕筰は、40歳を越えた時に友人から「髪の毛薄くなったな」と笑われたのをきっかけに、「頭に毛が無くなったので、名前にケを乗っける」と名前の耕作の「作」の文字に竹冠を乗せて「耕筰」と改名しています。この時に姓名判断でちゃんと調べた上で改名していますが、ここから姓名判断に凝ってしまい、知人に会うたびに「お前の名前は画数が悪い。改名してやろう」と迫ってかなり迷惑がられていたそうです。

きょうは何の日!?

●ベスビオス火山が大噴火しポンペイ滅亡（79）　●ニューヨークでポテトチップスの発明（1853）　●森鴎外がドイツ留学に出発（1884）　●北大西洋条約機構（NATO）が発足（1949）　●つくばエクスプレス全線開業（2005）　●冥王星を惑星から除外する事が決定（2006）

August 8月 25

【ピンク・レディーのデビュー前の名前は「クッキー」】

1976年8月25日、ピンク・レディーが「ペッパー警部」でデビューしました。

アマチュア時代の名前

☆70年代歌謡界でピンク・レディーのライバルはキャンディーズでしたが、同期デビューではなく、キャンディーズの方が3年先輩です。実はピンク・レディーの二人は、アマチュア時代に「キャンディーズと対等に戦えるグループになりたい」という対抗意識から、「クッキー」と名乗っています。

誰も注目しなかった二人

☆二人は当時、歌手デビューの登竜門として有名な「スター誕生」に出演し、決勝大会まで進みました。

決勝大会は制作会社のスカウトマンが「この子が欲しい」と思った時にプラカードを挙げて交渉権を得て、後は話し合いでデビューなどが決まるシステムでしたが、当日の出演者の中では清水由貴子さんが大注目され、10数社の指名がありました。しかしピンク・レディーの二人に注目している人はいませんでした。

気まぐれが歴史を動かした

☆その時ビクターのスカウトマンだった飯田久彦さんも「清水由貴子を獲ってこい」と言われていたのですが、会場に着いた時にほかのスカウトマンが獲る気満々だったので、「これは勝てないな」と直前になって気まぐれで、誰の指名もなかった二人にプラカードを挙げたのです。この気まぐれがなければ、ピンク・レディーは誕生していませんでした。

狙いが外れて…

☆ピンク・レディーはデビュー当時もあまり注目されず、デビュー曲「ペッパー警部」の初回プレス枚数は8000枚だけです。ミニスカートのお色気路線で、ターゲットは大人。どちらかというとキワモノでしたが、予想に反して個性的な振り付けが小中学生の間でブームになり、最終的にこの曲は100万枚を超えるヒットになりました。そしてこの曲から10曲連続ミリオンセラーを生み出していくことになるのです。

UFOの大ヒットで

☆ピンク・レディーのヒット曲に「UFO」があります。未確認飛行物体のことをそれまでは「ユー・エフ・オー」と呼んでいたのですが、この曲で「ユッフォッ」と歌っていたことから、一般的に「ユーフォー」と呼ぶことが定着してしまいました。

欧米などでは「ユー・エフ・オー」と呼ぶのが一般的です。

UFOポーズの秘密

☆ちなみにあの曲のイントロ部分で、頭の後ろからスッと手を上に突き上げて「ユッフォッ」と決めるポーズは、当時ヒットしていたSF映画「未知との遭遇」で巨大な山（デビルズタワー）の向こうからUFOの母船が出現する様子を再現したポーズだと、振り付けの土居甫さんが語っています。

きょうは何の日!?

●柄井川柳が初の川柳評万句合を開始（1757）　●北里柴三郎がペスト菌を発見（1894）　●三菱銀行設立（1919）　●羽田に東京飛行場が開港（1931）　●世界初の即席ラーメン・チキンラーメン発売（1958）　●ロンドンに夏目漱石記念館が開館（1984）

August
8月
26

【涙をなめると、しょっぱさで嘘泣きなのか分かる】

1506年8月26日、僧侶で画家の雪舟が87歳で亡くなりました。

涙でネズミ

☆雪舟と言えば、小坊主の時に和尚さんの言うことをきかずに柱に縛り付けられ、涙でネズミの絵を描いたエピソードが有名です。

一生の間に流す涙の量

☆目を潤すため、人間は常に目の表面に水分がありますが、これは涙と同じ成分で1日に約3㎖ほどの量になります。計算すると、一生の間には約65ℓの涙を流していることになります。

ストレス発散のメカニズム

☆思いっきり泣いて涙を出すことはストレス発散になるそうですが、実は涙に含まれる蛋白質ラクトフェリンには麻酔などに使われるモルヒネに近い鎮静効果があるそうです。つまり、感情が高まった時に泣くのは、神経の高ぶりを沈静化する意味があったのです。

感情によって質が変わる

☆涙は感情によって質が変わり、怒りが高ぶった悔し涙の時は濃く、悲しい時などに出る涙は薄くなるそうです。

感情によって交感神経が働くか副交感神経が働くかで質が変わるのですが、怒りを感じた時の方がストレスが強いことから、濃い涙が出るのです。

あくびと涙の関係

☆感情とは関係ない涙は、あくびの時に出る涙です。これは常に目を潤す涙を保存する涙嚢が、あくびをした時に顔の筋肉が不自然に動くために、貯まっている涙を押し流してしまうから。それで、あくびを連続してした時に涙が出るのは、一番最初のあくびだけなのです。

嘘泣きを英語で言うと

☆かつて松田聖子で有名になった、泣いているハズなのに涙が出ない「嘘泣き」のことを英語では「ワニの涙（クロコダイルティアーズ）」と言います。これはワニやカメのような動物は陸に上がっている時は常に目がウルウルして涙を流しているように見えることからできた言葉です。

☆カメの出産シーンでよく「涙を流しながら卵を必死に産んでいる」とナレーションが語っていますが、あれも涙ではなく目の表面を乾燥させないように流れている水分です。

聖子さんの名誉のために

☆ちなみに松田聖子が涙を流さず泣いたと話題になったのは、日本歌謡大賞新人賞を受賞した時の話です。「おかあさ～ん」と叫んで顔をくしゃくしゃにしたのに涙がこぼれなかった、ということを当時ブームだった「THE MANZAI」の中で春やすこ・けいこさんが繰り返しネタにしたことから定着してしまいました。レコード大賞で新人賞を受賞した時は、マスカラが取れるほど号泣しています。

きょうは何の日!?

●源為朝が伊豆大島に配流（1156）　●江戸幕府が貿易船に朱印状を与える（1604）　●日本初の海洋気象台が観測開始（1920）　●黒澤明の映画「羅生門」封切り（1950）　●第1回・24時間テレビ（1978）　●レインボーブリッジが開通（1993）

August
8月
27

【寅さんが生まれた日に二・二六事件が起こっている】

1969年8月27日、映画「男はつらいよ」の第1作が公開されました。

ギネスに記載

☆渥美清さんが主演した「男はつらいよ」は26年間で48作も続きましたが、一人の俳優が主役を続けた最も長い映画シリーズとしてギネスブックにも記載されています。

テレビドラマの続編

☆元々はテレビドラマでしたが、最終回は寅さんが奄美大島でハブに噛まれて死んでしまい、佐藤蛾次郎さんが演じる子分によって葛飾柴又に遺骨が届けられるという終わり方でした。その後「あんな終わり方はない」という抗議が多く、映画版を作ることになったのです。

「奄美大島で死んだ寅次郎」という設定は残し、映画は死ぬまでの間に起こった出来事という設定で始まったもの。まさかその後、26年48作も続くとは誰も思っていませんでした。

☆映画最終作は、「体調不良でこれが最後になるかも知れない」という渥美清さんの言葉を聞いた山田洋次監督が、舞台として奄美大島を選び、テレビ版に繋がるように終わらせています。

未来へ続くラストと挨拶

☆最終話の撮影中に阪神淡路大震災が起こり、「被災者に笑顔を与えたい」と急きょ神戸ロケを敢行し、震災復興のボランティアをしている寅さんの姿で終わっています。そして最終話でのラストのひと言は、いろいろな含みを読み取れる、「皆様、本当にご苦労様でした」というひと言。

最終話の次回作

☆48作目が最終話ですが、監督は高知県が舞台になる次回作・49作目の準備をしていました。とりあえずそれまでの作品で舞台になっていなかった都道府県が高知・埼玉・富山の3県だけだったからです。

寅さんの誕生日は？

☆寅さんの生年月日は公式発表されていませんでしたが、26作の「寅次郎かもめ歌」の中で定時制高校へ入学願書を出すシーンがあり、生年月日欄に昭和15年11月29日と書いています。

☆その後、隔週刊DVDブック「男はつらいよ」の中で、山田洋次さんが少年時代のエピソードを小説にした話の中で「生まれた日は二二六事件の起こった日」と書いています。そのことから現在は、昭和11年2月26日が公式の誕生日となっています。

ジョーダンじゃないよ？

☆「男はつらいよ」の24作目「寅次郎春の夢（1979）」に登場する、さくらに恋をする外国人の名は「マイケル・ジョーダン」。もちろんたまたまの偶然で、当時バスケットボールのジョーダン選手はまだ高校生です。

きょうは何の日!?

●御成敗式目を制定（1232）　●足利尊氏が征東将軍に任命（1335）　●丹頂鶴が天然記念物に指定（1935）　●日本短波放送局が開局（1954）　●東海村で原子炉が臨界点に（1957）　●エースコック・ワンタンメン発売（1963）　●ソニーβマックスの生産終了（2002）

August
8月
28

【キダ・タロー&大滝詠一のすごいコラボCMがある】

1953年8月28日、民間のTV局第1号「日本テレビ」が開局しました。

第1号は大失敗

☆民放放送局が開局したことで、初めてのCMも流されました。最初のCMは服部時計店の正午の時報。しかしフィルムを逆にかけたため、時計の左右が反対になってしまいました。そのため途中で放送を中止し、せっかくの第1号CMは不発に終わってしまいました。

放送中止になるCM

☆CMは、「○月○日発売予定」という場合以外は「現在購入できる物を宣伝する」という前提があります。そのため大ヒットして生産が間に合わず、店頭から消えた商品はCM放映が中止となります。過去の例では、間下このみが出演していた即席雑炊「がんばれ玄さん」、滝沢秀明が出演したインスタントカメラ「チェキ」、中村雅俊が出演した育毛剤「リアップ」などが、一時期放送中止になっています。

凄いコラボCM曲

☆大滝詠一さんは大量のCM曲を制作していますが、その中に日清食品の「出前一丁」もあります。元々有名な「♪あーらよ、出前一丁」のフレーズは作者不詳となっていて、大滝さんがその前に別のメロディをつけて一曲に仕上げています。その後、作曲者がキダ・タローさんと判明し、キダさんと大滝さんの異色コラボ作品となったのです。

お尻がムズムズする豪華コーラス

☆山下達郎さんもいくつかCM曲を制作していますが、1976年に「いちじく浣腸」のCMソングを作曲して歌っています。もちろん手抜き無しの豪華な多重録音コーラス付きでした。

作者不詳CMは多い

☆サンヨー食品「サッポロ一番みそラーメン」のCMソングの作者は今なお不詳です。おそらく、いずみたく氏ではないかと言われていますが、氏の死去により永遠の謎となりました。

今でいうステマ

☆人気タレントを使ったCMは、江戸時代から行われていました。歌舞伎役者が芝居のセリフにさりげなく宣伝契約した特定の商品名（例えば薬など）を入れるという方法です。

ギネス記録のCM

☆同一人物が長くCMキャラクターを務めるというものでは、1972年4月に始まり現在も契約更新が続く岩下志麻さんの化粧品メナードの記録があります。「専属タレント契約世界最長記録」として2009年ギネスブックに掲載されています。

　ところがその直後に女優の山本陽子さんが山本山海苔店と1967年に契約を結び、現在も続いているということが判明し、ギネス認定を塗り替えています。

きょうは何の日!?

●ワーグナー「ローエングリン」初演（1850）　●国産初のバイオリン完成（1880）　●トヨタ自動車が設立（1937）　●初の民放TV、日本テレビ本放送開始（1953）　●ワシントンで人種差別撤廃の大行進（1963）　●イギリス・チャールズ皇太子とダイアナ妃離婚（1996）

August
8月
29

【「青い鳥」の作者は「日本では出版するな」と命令した】

１８６２年８月29日、ベルギーの作家モーリス・メーテルリンクが誕生しました。代表作は「青い鳥」で、１９１１年にノーベル文学賞を受賞しています。

日本では出版するな！

☆メーテルリンクは第二次世界大戦中にナチスの迫害を受けてアメリカに亡命しています。実はその時、「私の著作はドイツとその同盟国・日本では出版させない」と語っていたそうですが、後にそれは撤回されています。

もっとも「青い鳥」は戦前から翻訳され、既に映画化も何度もされているので日本でもお馴染みの作品でした。

青い鳥の正体は

☆ちなみに「青い鳥」に出てくる鳥はフランス語で「トゥルートー（Tourtereau）」、直訳すると「鳩」です。鮮やかな真っ青な色を想像しますが、実際は灰色っぽい青い鳥です。

メーテルリンクと銀河鉄道

☆松本零士「銀河鉄道９９９」の登場人物メーテルの名前に関して、「メーテルリンクの『青い鳥』は長い旅の果て本当の幸せはすぐ近くにあった」ということを暗示させていると１９７８年にインタビューで答えていましたが、最近は「メーテルリンクとも青い鳥とも一切関係ない。メーテルとはギリシャ語で母の意味」と否定しています。

確かにメーテルは母を意味する言葉ですが、メーテルリンクという名前自体、ベルギーで「倉庫の穀物管理人」という意味から生まれた姓で「母・保護者」という意味も含まれています。

オイルショックの青い鳥

☆「青い鳥」の主人公はチルチルとミチルの兄妹ですが、「チルチルミチル」と言えば１９７５年に日本で初登場した使い捨て１００円ライターです。ちょうど公害問題が発生し、さらにオイルショック、インフレ物価高騰の暗い時代でした。そんな時にライター＝高級品というイメージを払拭するために、東京パイプという会社が１００円で使い捨てできるライターを開発したのです。

その際、「先の見えない不安な時代に、幸せに向かう道を照らし出す光を灯したい」ということから「青い鳥」の主人公の名前を付けたそうです。そして着火口には今でも、羽ばたく青い鳥の図柄が刻まれています。

自分探しと青い鳥

☆１００円ライター「青い鳥」は不況時に登場しましたが、逆に好景気だったバブル期にも「青い鳥」が登場します。

バブルの頃、若者の間で本当の自分を探し求める「自分探し」が話題になりました。その時に、今ここにいる自分は本当の自分ではないと、現状を見ないで転職を繰り返す人や、理想の結婚相手を追い求めて今の恋愛を否定し、次々相手を変える状態が「青い鳥症候群」と呼ばれました。

きょうは何の日!?

●鑑真が唐招提寺を建立（759）　●豊臣秀吉が刀狩令を発布（1588）　●南京条約・アヘン戦争が終結（1842）　●廃藩置県の詔書を発布（1871）　●奈良県生駒山に日本初のケーブルカー（1918）　●文化財保護法施行（1950）　●宝塚歌劇団「ベルサイユのバラ」初演（1974）

August
8月
30

【アンパンマンと鉄人28号の元ネタは同じ】

　1797年8月30日、イギリスの女流小説家メアリー・シェリーが誕生しました。

怪物の名前じゃない

☆メアリーさんの代表作は、恐怖小説の定番「フランケンシュタイン」です。

☆よく勘違いされるのは、フランケンシュタインというのはあの体の大きな怪物の名前ではなく、その怪物を作った博士の名前です。

　フランケンシュタイン博士が幾つもの死体をつなぎ合わせて合成人間を作るという怖い話なのですが、今から200年程前に描かれたということで、SF小説の元祖とも言われています。

暇つぶしで書かれた小説

☆メアリーさんは元々小説家ではありませんが「フランケンシュタイン」を書いたのには面白いきっかけがあります。

　メアリーさんは17歳の時にパーシー・シェリーという詩人と恋に落ちたのですが、この時、相手のパーシーさんは既に結婚しており、父親に別れさせられそうになったことから、二人で駆け落ちしています。

　そしてスイス・ジュネーブ郊外、レマン湖のほとりにあるホテルに滞在中に長い大雨に巻き込まれ、外に出られない日々が続いたのです。この時、同じホテルには詩人のバイロンと、その主治医で作家のポリドリという人物も滞在していました。文章を書ける人が集まっていたことから、「それなら皆で面白い小説を書いて、それを発表しよう」ということになったのです。そこでメアリーさんが初めて書いた小説が、人造人間を作り上げる博士の話「フランケンシュタイン」だったのです。その時は物語の発想だけだったのですが、後にそれをちゃんとした小説に書き残し、現在のように知られる話になっています。

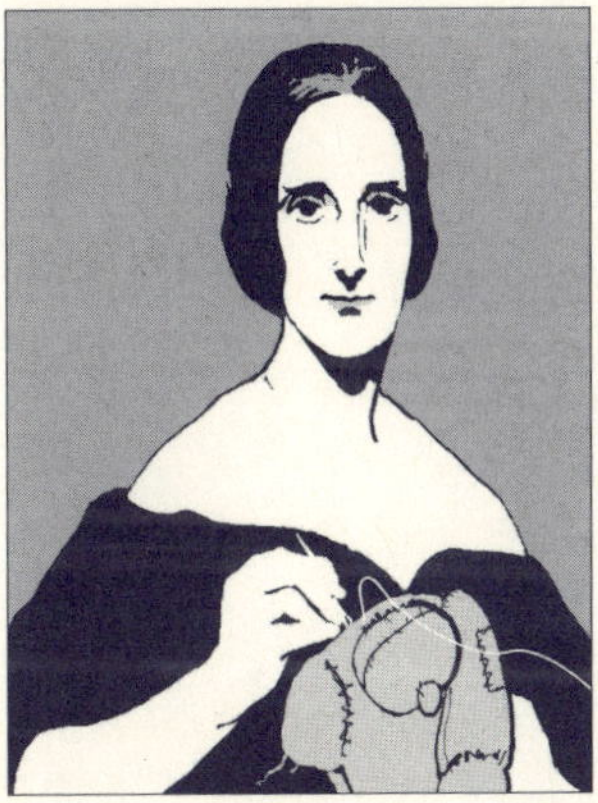

ドラキュラと同時に誕生

☆実はその時、詩人のバイロンが書いた小説は「人の血を吸って永遠の命を手に入れる男の話」、つまり吸血鬼の話だったのです。その話を一緒にいた医者のポリドリが後にちゃんとした小説に仕上げて、ここに「ドラキュラ」の小説も誕生したのです。つまり、フランケンシュタインとドラキュラという西洋の二大怪物物語は同じ場所で誕生したのです。そして後に二人とも「怪物くん」の子分になるワケです。

意外な影響を与えている

☆フランケンシュタインは、その後何度も映画などになっていますが、ほかの作品にも影響を与えています。

　例えば横山光輝さんの「鉄人28号」のヒントになったのはフランケンシュタインの映画です。

　意外な作品では、やなせたかしさんも科学の力で生命を誕生させるというテーマを基に「アンパンマン」を考案したとも語っています。

きょうは何の日!?

●徳川家康が江戸城に公式入城（1590）　●武家諸法度を発布（1615）　●マッカーサー元帥が厚木飛行場に到着（1945）　●三菱重工爆破事件（1974）　●ソウル五輪でベン・ジョンソンが世界新、後に薬物使用で記録抹消（1988）　●兵庫銀行が経営破綻（1995）

August
8月
31

【昔の自転車レースはブレーキ無しで湖に突っ込んだ】

1977年8月31日、自転車の中野浩二さんが世界プロスクラッチで初優勝しました。

自転車のルーツは漕げない

☆自転車のルーツは、1817年にドイツ人のカール・フォン・ドライス男爵が考案したものです。しかしこの時の自転車はまだペダルがなく、進むためには地面を足で蹴らなくてはいけませんでした。

それでも時速15kmほどの速さが出たそうで、人類にとっては馬に次ぐ早い乗り物が誕生したのです。

馬の代用品ということで…

☆現在のようにペダルで動力を後輪に伝える自転車は、1839年、イギリス人のカークパトリック・マクミランが発明したもので、正面には大きな馬の彫刻がついていました。

腰に悪そうな乗り物

☆1862年には自転車が量産されるようになるのですが、当時はゴムタイヤの発明前で「ボーンシェイカー」、つまり「骨をゆする」と呼ばれ、あまり乗り心地がよくなかったようです。

スピードとスポーツ

☆徐々に改良されていった自転車は1877年、イギリスで時速25・6kmを記録、ここからスポーツの一種として楽しまれるようになっていくのです。

☆ちなみに現在、自転車の最高速度記録は、2008年にカナダのサム・ウッティンガムが出した時速132・5kmです。

ムチャなゴール

☆19世紀頃、自転車レースがブームになっていくのですが、当時の自転車は現在のものとは決定的に違っている部分がありました。まだブレーキというものが付いていなかったのです。

そのため自転車レースのゴールは必ず湖などの岸辺にあり、ノンブレーキで自転車ごと湖に飛び込んで停まっていたそうです。

国産初の自転車は

☆日本初の国産自転車は1890年に、外国人居留地近くの東京木挽町にあった鉄砲鍛冶の宮田製銃所（現・宮田工業）が作っています。外国人居留地に住むイギリス人が自転車の修理に訪れ、そこで仕組みを覚えて自作に挑んだものでした。

チャリンコの語源

☆ちなみに自転車のことをチャリンコと呼ぶことについては複数説があります。

韓国語で自転車を意味する「チャジョンゴ」から来ていると言われている説のほか、ベルの音「チリン、チリン」から来たという説もあります。原動機付き自転車を「原チャリ」とも言います。

きょうは何の日!?

●エジソンがキネトスコープの特許（1897）　●田中角栄首相とニクソン米大統領がハワイで会談（1972）　●ディスコジュリアナ東京が閉店（1994）　●ダイアナ妃が交通事故で死去（1997）　●北朝鮮がテポドン1号を発射（1998）　●ボーカロイド初音ミクが発売（2007）

春夏秋冬 雑学こぼれ話

【扇風機】

★江戸時代の１８３２（天保３）年、柳亭種彦が書いた娯楽本「修紫田舎源氏（にせむらさきいなかげんじ）」にうちわを放射状に取り付けて手で回す「手動扇風機」が登場します。この扇風機は１８８５（明治18）年になって特許を取得しています。

★１８００年代にはモーターが発明され電動式扇風機が登場します。１８８２年に初の電動式扇風機を売り出したのは、発明王トーマス・エジソンです。実は同時期に発明家のニコラ・テスラも扇風機を開発、商品化しています。この二人はそれ以前にも家庭用電流で交流か直流かで大もめしたライバルですが、どうもテスラが扇風機を発売するウワサを聞きつけ、エジソンが慌てて扇風機を発売したのではないかと言われています。

★明治時代の扇風機は超高級品でしたが、実はこの頃、東京の夏の平均気温は高くても26度程度。23度が平均気温の年もあります。明治時代はあまり扇風機は必要ではなかったのかも知れません。

★国産初の電動式扇風機は、１８９４（明治27）年に東京電灯会社（現東芝）が発売しました。実は電灯以外の家庭用電気製品「家電」の第一号がこの扇風機です。これには特殊な機能が付いていて、スイッチを入れると羽根が回るのと同時に、扇風機の上で白熱電灯が光るのです。要らない機能ですが電気が珍しかった時代に「なんか凄いもの」と考えられた機能でした。

＊企画・編集
静岡新聞社 編集局出版部

＊デザイン
ADCOOK　石川智美（装丁ほか）
岩谷　紀子

＊イラスト
キヨハラ　アラタ
（P11.18.24.29.34.38.46.50.54.58.65.70.76.80.85.92.97.
112.117.121.127.131.135）
たかはし　ひでき
（P15.19.23.28.31.36.41.45.51.55.60.64.68.75.79.82.88.
93.98.108.113.118.123.128）
平林　林治
（P9.13.22.25.33.40.44.49.53.63.69.74.77.83.87.90.96.
102.104.110.116.122.126.130.132）
橋本　仁
（P14.17.21.27.32.37.42.48.57.61.66.72.78.84.89.94.100.
105.109.114.119.125.133）
杉村　喜光
（P8.10.12.16.20.26.30.35.43.47.52.56.59.62.67.73.81.
86.91.95.99.101.106.107.111.115.120.124.129.134）

雑学王・知泉の日めくりうんちく劇場
雑学カレンダー 5〜8月編

2013年4月23日　初版発行

著　者＊ 杉村　喜光
発行者＊ 大石　　剛
発行所＊ 静岡新聞社
〒422-8033 静岡市駿河区登呂3-1-1
☎054-284-1666

印刷・製本　図書印刷株式会社

ISBN978-4-7838-2237-0　C0000